Ubuntu 20.04 LTS

Praxiswissen für Ein- und Umsteiger

Christoph Troche

Ubuntu 20.04 LTS
Praxiswissen für Ein- und Umsteiger

mitp

Bibliografische Information der Deutschen Nationalbibliothek
Die Deutsche Nationalbibliothek verzeichnet diese Publikation in der Deutschen Nationalbibliografie; detaillierte bibliografische Daten sind im Internet über <http://dnb.d-nb.de> abrufbar.

Bei der Herstellung des Werkes haben wir uns zukunftsbewusst für umweltverträgliche und wiederverwertbare Materialien entschieden.
Der Inhalt ist auf elementar chlorfreiem Papier gedruckt.

ISBN 978-3-7475-0236-5
1. Auflage 2020

http://www.mitp.de
E-Mail: mitp-verlag@sigloch.de
Telefon: +49 7953 / 7189 - 079
Telefax: +49 7953 / 7189 - 082

Druckerzeugnis
www.natureoffice.com/DE-994-26QF6QV
klimaneutral
durch CO_2-Ausgleich

Lektorat: Lisa Kresse
Sprachkorrektorat: Petra Heubach-Erdmann
Covergestaltung: Christian Kalkert, www.kalkert.de
Bildnachweis: julien tromeur / stock.adobe.com
Satz: Petra Kleinwegen
Druck: Druckerei Hachenburg PMS GmbH, Saynstraße 18, 57627 Hachenburg

Inhalt

Einleitung

E.1 Linux ist ...

Linux ist ein Betriebssystem, das im Wesentlichen auf den finnischen Entwickler Linus Torvalds zurückgeht. Ende der 1980er startete er das Projekt zunächst alleine; nachdem er seine Idee und seine bisherigen Ergebnisse allerdings ins neu entstandene Internet gestellt hatte, beteiligten sich Enthusiasten auf der ganzen Welt an der Entwicklung, programmierten viele Millionen Seiten Programmcode und brachten die Entwicklung voran.

... Open Source

Der entscheidende Schritt in der Entwicklung von Linux war die Idee, den Code unter der sogenannten GNU General Public License (GPL) zu veröffentlichen. Diese Lizenz erlaubt es einem Anwender, eine Software zu nutzen, sie zu studieren, zu verändern und weiterzugeben, solange diese Nutzerrechte ebenfalls weitergegeben werden. Das bedeutet, dass der Quellcode von Linux im Unterschied zu Windows öffentlich und frei zugänglich ist.

Den Quellcode zu Ubuntu finden Sie auf der Webseite *http://cdimage.ubuntu.com/releases/20.04/release/source/*. Hier können Sie den Quellcode als `.iso`-Datei herunterladen und eine DVD erstellen. Wie Sie sich aber sicher vorstellen können, sind für das Studium und das Bearbeiten des Quellcodes mehr als fortgeschrittenen Kenntnisse nötig.

Die großen Firmen der IT-Branche, von A wie Adobe bis Z wie ZTE, helfen mittlerweile bei der Entwicklung von Linux sowie anderer Open-Source-Projekte mit. Dabei verfolgen diese Unternehmen durchaus eigennützige Ziele: Linux hat längst seinen Platz, vor allem in der Netzwerktechnologie, eingenommen. Und hier sind die Großen der Branche darauf angewiesen, dass ihre Ideen und Standards mit Linux kompatibel bleiben. Und seit 2016 ist eben sogar Microsoft Mitglied der Linux Foundation.

... eine freie Software

Für die Protagonisten hinter Linux sollen Information und der Zugang dazu jedermann kostenlos zur Verfügung stehen. Dabei bedeutet »frei« nicht automatisch »kostenlos«.

Per definitionem ist Software dann frei, wenn der Benutzer vier Rechte erhält:

1. Ein Programm so auszuführen, wie man möchte
2. Die Freiheit, die Funktionsweise des Programms zu untersuchen und anzupassen
3. Die Freiheit, das Programm weiterzuverbreiten
4. Die Freiheit, das Programm zu verbessern und diese Verbesserungen der Allgemeinheit zur Verfügung zu stellen

Natürlich ist klar, dass auch mit Linux viel Geld verdient wird. Die Firma Canonical, die hinter dem Ubuntu-Projekt steht, bietet Firmen Support und Schulung gegen Entgelt an, und auch ich schreibe dieses Buch gegen ein Honorar.

... sicher

Als Desktop-Anwendung ist Linux mit all seinen Distributionen, im Unterschied zu Windows, fast vollständig frei von Schadsoftware. Dafür gibt es mehrere Ursachen:

- Die meisten Schadprogramme werden für die Windows-Umgebung programmiert. Sie laufen gar nicht in der Linux-Umgebung.
- Selbst wenn sie für Linux programmiert würden: Für jede Systemveränderung müssen Sie sich als Administrator legitimieren, eine heimliche Installation durch die Hintertür ist nicht möglich.
- Da die Quellcodes der Programme offenliegen, werden potenzielle Einfallstore für Schadsoftware besser erkannt und können rechtzeitig geschlossen werden.
- Linux hat einen zu geringen Marktanteil. Damit sich ein Schadprogramm wirkungsvoll verbreiten kann, ist allerdings eine Monokultur nötig. Und die bietet Linux nicht.

... stabil

Der Linux-Kernel ist ein außerordentlich stabiles System. Jeder Netzwerkadministrator wird Ihnen Geschichten von Linux-Servern erzählen können, die jahrelang ohne einen einzigen Absturz liefen. Ähnlich empfinde ich mein eigenes System: Ich kann mich nicht erinnern, dass mein eigener PC in den letzten Jahren vollständig abgestürzt wäre. Dies bedeutet allerdings nicht, dass sich nicht einzelne Programme gelegentlich aufhängen würden. Allerdings wird Linux immer zuerst versuchen, das abgestürzte Programm zu beenden, das übrige Betriebssystem läuft zunächst weiter.

Schließlich laufen die meisten Server des Internets mit Linux, Android und iOS basieren darauf, Linux findet sich in Ihrer Fritz!Box und möglicherweise auch in Ihrem Autoradio.

... schnell

Sie kennen vielleicht das Phänomen: Nach einigen Monaten wird ein Windows-Computer immer langsamer. Dateileichen unvollständiger Deinstallationen, fragmentierte Festplatten und eine aufgeblähte Registrierdatenbank bremsen ein ursprünglich flottes System im Laufe der Zeit immer weiter aus. Eine ganze Software-Sparte lebt davon, Programme für die Wartung des Systems anzubieten, der Nutzen ist bestenfalls kurzfristig und überschaubar.

Linux benötigt die Wartungsprogramme nicht: Eine Registrierdatenbank (Registry), die Sie immer wieder aufräumen müssten, existiert nicht; Dateileichen, wenn sie denn entstehen, werden mit einem kurzen Befehl entfernt und fragmentierte Festplatten sind bei Linux kein Thema.

Außerdem muss im Hintergrund kein Anti-Viren-Programm oder eine Firewall mitlaufen, die Speicherplatz benötigen und die Leistungsfähigkeit Ihres Computers spürbar verlangsamen.

... benutzerfreundlich

Linux hat immer noch den Ruf, nur von Nerds und Profis bedient werden zu können. Dies mag auch damit zusammenhängen, dass Fachleute, um beispielsweise ein Netzwerk zu administrieren, keine Benutzeroberfläche benötigen.

Seit Distributionen wie Ubuntu auf dem Markt sind, stimmt dieser Ruf allerdings so nicht mehr. Insgesamt ist der Umgang mit Ubuntu nicht einfacher oder schwieriger als mit anderen Betriebssystemen. Er ist gelegentlich nur anders.

E.2 Distributionen

Bei Linux ist es nicht nötig, das zu nehmen, was der Hersteller anbietet. Gefällt Ihnen die neueste Windows-Version nicht, haben Sie eben Pech gehabt. Linux hingegen erlaubt es jedem Nutzer, sein eigenes Linux nach seinen Vorstellungen mit den für ihn interessantesten Programmen und der Arbeitsoberfläche nach seinem Geschmack zusammenzustellen.

Ubuntu ist dabei eine von buchstäblich Hunderten Linux-Distributionen, die im Internet kursieren, sie dürfte allerdings die bekannteste sein. Ubuntu kommt dabei sicherlich der Verdienst zu, Linux aus der Nische des Nerd-Spielzeugs befreit und zu einem anwenderfreundlichen System für den täglichen Gebrauch gemacht zu haben.

E.3 Ubuntu

Ubuntu ist zunächst einmal ein traditionelles afrikanisches Konzept und beschreibt das soziale Miteinander in der Gemeinschaft, in der das Verhalten des Einzelnen alle Mitmenschen beeinflusst. Die Initiatoren von Ubuntu haben sich diesem Konzept verschrieben.

Hinter dem Projekt steht die Firma *Canonical* des südafrikanischen Unternehmers Mark Shuttleworth. Sein Ziel war es, Schwächen von Linux anzugehen und ein wettbewerbsfähiges, einfaches und freies System zu erstellen und zu verbreiten. Dazu wurde das sogenannte Ubuntu-Versprechen als Leitbild formuliert:

Dementsprechend wird Ubuntu immer kostenfrei sein, bedient sich nach eigenen Aussagen der besten Funktionen zur Barrierefreiheit und zu Übersetzungen, die die Internetgemeinde zu bieten hat, und bekennt sich zu freier und Open-Source-Software.

Unter Ubuntu arbeiten Sie, wie Sie es gewohnt sind, unter einer grafischen Oberfläche (*GUI = Grafical User Interface*). Die Programme werden dabei fast genauso bedient, wie Sie dies von Windows kennen. Seien Sie allerdings darauf vorbereitet, dass einige Funktionen anders sind, als Sie es gewohnt sind.

Die Ubuntu-Versionen

Im April aller geraden Kalenderjahre erscheint eine Ubuntu-Version, die Langzeit-Unterstützung genießt, die sogenannte LTS-Version (Long Term Support). Diese wird für fünf Jahre von Canonical mit Updates unterstützt. Im Unterschied dazu erscheint alle sechs Monate eine weitere, eine STS-Version (Short Term Support). Dafür ist eine Unterstützung von neun Monaten garantiert. Die hier vorgestellte Version 20.04 wurde also im April 2020 veröffentlicht, es handelt es sich um eine langzeitunterstützte Version, die bis April 2025 aktuell sein wird.

Alle Versionen werden neben der Versionsnummer mit einem Codenamen versehen: Dieser ist eine Alliteration aus einem Adjektiv mit einem Tiernamen in alphabetischer Reihenfolge. Nachdem mit der Version 17.04 (*Zesty Zapus*) das Alphabet einmal durch war, trägt die hier vorgestellte Version den Codenamen *Focal Fossa*.

Flavours

Ubuntu selbst existiert wiederum in einer ganzen Reihe verschiedener Varianten, genannt *Flavours* oder *Derivate*. Der Unterbau ist zwar Ubuntu, die Arbeitsoberflächen sind jedoch an unterschiedliche Zielgruppen angepasst.

- *Ubuntu*: Die offizielle Version mit einer überarbeiteten und angepassten Gnome-3-Arbeitsoberfläche. Diese wird in diesem Buch vorgestellt.

- *Ubuntu MATE*: Dieses Derivat basiert auf der einfachen und bewährten Gnome-2-Desktopumgebung. Diese ist einfacher und angeblich auch anwenderfreundlicher als die Nachfolgeversion.
- *Kubuntu*: Hier kommt KDE Plasma als Desktop zum Einsatz. Dieser ist umfangreicher konfigurierbar, benötigt aber auch die meisten Ressourcen und wird gerne als »Klickibunti« verschrien.
- *Ubuntu Budgie*: Legt Wert auf Einfachheit und Eleganz. In den Systemanforderungen weniger anspruchsvoll.
- *Xubuntu* und *Lubuntu*: Sind für den Einsatz auf leistungsschwacher Hardware konzipiert.
- *Server Edition*: Wie der Name sagt, ist die Paketauswahl für Server-Anwendungen ausgelegt. Benutzeroberflächen gibt es hier nicht.
- *Ubuntu Studio*: Für die rechenintensive Bearbeitung von Bildern und Videos ausgelegte Version.

Ich werde mich allerdings auf die Standardversion beziehen, nahezu alle Angaben zu Installation und Einrichtung gelten auch für die Derivate.

E.4 Der Umstieg

Sinnvoll wird der Umstieg für Sie dann, wenn Sie wie die meisten Menschen den Rechner für Office-Tätigkeiten, das Surfen im Internet, E-Mail, Bild- und Videobearbeitung und derlei Aufgaben benutzen. Sie haben einen älteren PC, den Sie Ihren Kindern für die Hausaufgaben und die Recherche im Internet einrichten wollen? Ubuntu benötigt keine modernste Hardware, selbst dieses Buch wird auf einem Uralt-Rechner aus dem Jahr 2006 verfasst.

Aber bedenken Sie bitte Folgendes: Wenn Sie dringend auf Programme angewiesen sind, die nur unter Windows laufen, sollen und können Sie Ubuntu zunächst parallel zu Windows installieren.

Auch wenn Sie viele, neue rechenintensive Spiele nutzen, werden Sie mit Ubuntu nicht glücklich. Viele Hersteller entwerfen ihre Spiele kompatibel zu Windows und vielleicht noch macOS, aber im Elektronikfachmarkt Ihres Vertrauens werden Sie unter den Top 10 nur selten Linux-kompatible Spiele finden.

Um Ubuntu zu installieren, benötigen Sie einen Computer mit einer 64-Bit-Architektur. Ältere Computer, die nur über eine 32-Bit-Architektur verfügen, können Ubuntu nicht mehr nutzen, in diesem Falle können Sie lediglich auf die 18.04-Versionen von Xubuntu und Lubuntu zurückgreifen.

Sie benötigen weiterhin, um sinnvoll arbeiten zu können:

- einen 2-GHz-Dual-Core-Prozessor,
- 2 GB Arbeitsspeicher,
- eine Festplatte oder einen anderen Speicher mit mindestens 25 GB,
- eine VGA-fähige Grafikkarte mit einer Auflösung von 1.024 x 768
- und entweder ein DVD-Laufwerk oder einen USB-Anschluss für die Installationsmedien.
- Außerdem ist eine schnelle Internetverbindung dringend empfohlen.

E.5 Die Konzeption dieses Buches

Dieses Buch ist vor allem ein Praxisbuch. Das bedeutet, dass ich weitgehend darauf verzichten werde, Sie mit den Grundlagen von Linux zu langweilen. Stattdessen zeige ich Ihnen, wie Sie mit Ubuntu arbeiten können. Außerdem erfahren Sie, wie Sie an die aktuellste Version von Ubuntu kommen, wenn die beiliegende DVD einmal nicht mehr aktuell sein wird. Ich werde Sie durch den Installationsvorgang und die Einrichtung der Arbeitsumgebung führen und Ihnen bei der nachträglichen Installation von weiteren Programmen helfen. Sollten dies Ihre ersten Erfahrungen mit Ubuntu sein, empfehle ich Ihnen, das Buch von Anfang an durchzuarbeiten, weil ich mich bemüht habe, den Ein- oder Umstieg in einer chronologisch sinnvollen Weise zu gestalten. Der Umfang dieses Buches bringt es mit sich, dass ich Ihnen nur einen Einstieg ermöglichen kann. Allerdings bin ich zuversichtlich, dass Sie, nachdem Sie einmal Linux-Luft geschnuppert haben, andere Betriebssysteme nicht mehr vermissen werden.

E.6 Der Inhalt der beiliegenden DVD

Damit Sie mit Ubuntu sofort starten können, finden Sie auf der beiliegenden DVD die vollständige Distribution 20.04, auch *Focal Fossa* genannt. Dies ist die aktuelle, im April 2020 veröffentlichte Version, die bis zum April 2025 unterstützt wird. Mit der DVD können Sie Ubuntu zunächst einfach ausprobieren, ohne es gleich fest zu installieren. Falls Sie Ubuntu als Betriebssystem installieren wollen, können Sie das ebenfalls mithilfe der DVD tun. Sollte die DVD fehlen, melden Sie sich unter *lektorat@mitp.de* beim Verlag und fügen Ihrer Nachricht einen Kaufbeleg des Buches bei.

Mit dem Code auf S. 150 können Sie die E-Books zum Buch kostenlos herunterladen.

Ich wünsche Ihnen viel Spaß beim Ausprobieren und viel Erfolg mit Ihrem neuen Ubuntu-Betriebssystem.

Christoph Troche, Köln im Juni 2020

Kapitel 1

Ubuntu herunterladen und ein Startmedium erstellen

1.1 Ubuntu im Internet

Wenn Sie sich dieses Buch gekauft haben, ist es naheliegend, die beiliegende DVD zur Installation zu nutzen. Falls die DVD jedoch fehlt oder Ihr Computer kein DVD-Laufwerk hat, finden Sie installationsfähige Abbilder im Internet. Diese dürfen Sie kostenlos herunterladen und verwenden. Sie sollten jedoch über einen schnellen Internetanschluss und eine Datenflatrate verfügen, immerhin beträgt die Datenmenge ca. 2,6 GB.

Hinweis

Die wichtigste Quelle im Internet für Ubuntu ist die offizielle Webseite des Projekts *https://www.ubuntu.com* sowie *https://ubuntuusers.de* (deutschsprachig).

Auf diesen Seiten finden Sie nicht nur die Download-Quellen, sondern auch Hilfe zu fast allen denkbaren Fragestellungen rund um Ubuntu.

	Desktop-DVD						Desktop-CD
	Ubuntu	Ubuntu MATE	Kubuntu	Lubuntu	Xubuntu	Ubuntu Budgie	Server Edition
	Direktlink	Direktlink	Direktlink	Direktlink	Direktlink	Direktlink	Direktlink
64-Bit	Torrent	Torrent	Torrent	Torrent	Torrent	Torrent	Torrent
	Prüfsumme	Prüfsumme	Prüfsumme	Prüfsumme	Prüfsumme	Prüfsumme	Prüfsumme

Abb. 1.1: Download-Links auf der deutschsprachigen Webseite des Ubuntu-Projekts

Wie Sie sehen, stehen Ihnen auf der Download-Seite mehrere Images – das sind 1:1-Abbilder der beiliegenden DVD – in einer 64-Bit-Version zur Verfügung.

Die Direktlinks der Ubuntu-Website ermöglichen Ihnen, das Image als eine sogenannte `.iso`-Datei direkt auf Ihrem Rechner zu speichern. Allerdings ist das `http://`-Protokoll nicht unbedingt auf die Übertragung großer Datenmengen, sondern auf die Übertragung von Internetseiten ausgelegt. Fehlerhafte Übertragungen und Abbrüche des Downloads kommen hier häufiger vor. Ärgerlich wird es vor allem dann, wenn die hergestellte Installations-DVD nicht wie vorgesehen fehlerfrei funktioniert. Der sicherere Weg zur Übertragung großer Dateien ist das *BitTorrent*-Protokoll. Hier wird zunächst eine kleine, nur wenige KB große Datei vom Ubuntu-Server heruntergeladen, die dafür sorgt, dass jeder Teilnehmer, der bereits Teile der `.iso`-Datei auf seinem Rechner hat, diese zum Download an andere zur Verfügung stellt. Dies entspricht dem Ubuntu-Prinzip vom Geben und Nehmen unter allen Teilnehmern.

Hinweis

Dazu benötigen Sie ein Programm mit Namen BitTorrent Classic. Dieses kann man kostenlos von der Website *https://www.bittorrent.com* herunterladen.

Nachdem Sie das Programm heruntergeladen und installiert haben, klicken Sie auf den TORRENT-Link auf der Download-Seite bei *https://www.ubuntuusers.de*. Der Download startet automatisch. Sofort nach Erhalt aller übertragenen Pakete wird die vollständige Datei mit einer Prüfsumme (Checksumme) auf Fehler überprüft. Sie erhalten eine kryptische Buchstaben-Zahlen-Kombination wie `c94d54942a2954cf85 2884d656224186`. Vergleichen Sie dann diese Checksumme mit der von ubuntuusers errechneten Zeichenfolge. Ist die Buchstaben-Zahlen-Kombination nicht identisch, ist bei der Übertragung ein Fehler aufgetreten.

Falls Ihnen das Prozedere mit BitTorrent zu aufwendig erscheint, können Sie die `.iso`-Datei natürlich auch direkt herunterladen. Allerdings hält Windows kein Bordmittel vor, um eine MD5-Checksumme zu überprüfen. Ein kleines Freeware-Tool, das für alle Windows-Versionen geeignet ist, finden Sie hier:

https://www.gservon.de/downloads/md5check/

Abb. 1.2: Sehr zu empfehlen: die Überprüfung, ob die Datei in Ordnung ist

1.2 Netzwerkinstallation

Bei der normalen Installation laden Sie ein mehr oder weniger komplettes Betriebssystem herunter, daher auch die zum Teil sehr großen Datenvolumen. Allerdings werden sich darunter Programmpakete befinden, die Sie gar nicht brauchen oder verwenden wollen. Canonical stellt Ubuntu jedoch auch in einer sogenannten Netzwerkinstallation zur Verfügung. Sie laden und installieren zuerst einmal ein Minimalsystem mit der Software, die nötig ist, um die eigentliche Installation zu konfigurieren. Dann erst laden Sie alle übrigen Programmpakete über das Internet herunter, was sowohl Zeit als auch jede Menge Downloadvolumen spart. Die notwendige `.iso`-Datei finden Sie auf der Projektseite von Ubuntu.com unter *http://cdimage.ubuntu.com/netboot*.

Laden Sie dann die Datei namens `mini.iso` herunter. Sie sehen, diese Datei hat nicht mehr den Umfang von mehreren GB, sondern gerade einmal ein paar MB.

Die Netzwerkinstallation ist allerdings nur dann sicher geeignet, wenn Ihr Computer über ein BIOS verfügt, mehr dazu in Kapitel 2. Hat Ihr Computer das modernere UEFI, kann die Installation funktionieren, möglicherweise verweigert sich Ihr Computer aber auch, weil ein Signierschlüssel fehlt.

1.3 Ubuntu auf einem Installationsmedium

Nachdem Sie nun eine `.iso`-Datei heruntergeladen und auf ihre Unversehrtheit überprüft haben, gilt es jetzt, einen bootfähigen USB-Stick oder eine DVD zu erstellen. Unter Windows starten Sie dazu den Explorer, klicken mit der rechten Maustaste auf die Datei und wählen den Menüpunkt DATENTRÄGERABBILD BRENNEN. Nun legen Sie eine DVD ein und starten den Brennvorgang.

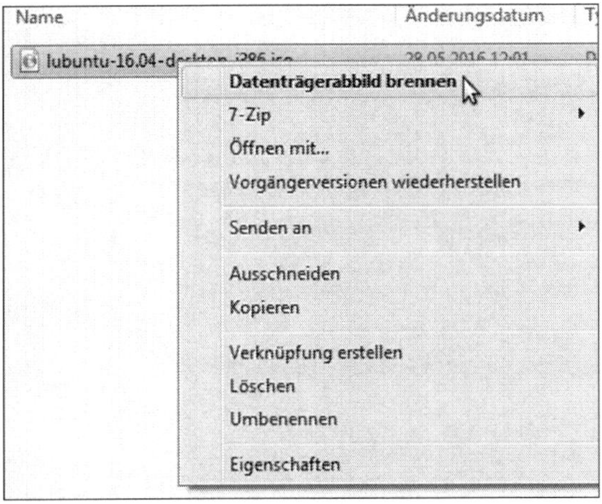

Abb. 1.3: So wird eine bootfähige DVD erstellt

Möglicherweise hat der Rechner, auf dem Sie Ubuntu installieren möchten, kein DVD-Laufwerk oder Sie haben gerade keine beschreibbare DVD-ROM zur Hand. Also nutzen Sie einen USB-Stick als Startmedium. Diese Möglichkeit ist ohnehin eleganter und aufgrund der höheren Lesegeschwindigkeit eines USB-Sticks im Vergleich zu einer DVD auch komfortabler und sehr viel schneller.

Allerdings können Sie auch hier die `.iso`-Datei nicht einfach auf den USB-Stick kopieren, Sie brauchen noch ein weiteres Programm, um den USB-Stick so zu präparieren, dass Sie Ubuntu darüber starten können.

Ein sehr gutes, kostenloses und nahezu selbsterklärendes Programm, den *Win32 Disk Imager*, der dies unter Windows kann, finden Sie unter:

https://sourceforge.net/projects/win32diskimager/

Im Feld IMAGE FILE wählen Sie die heruntergeladene `.iso`-Datei aus. Da allerdings `.img` als Dateityp voreingestellt ist, müssen Sie zunächst die Option ALLE DATEITYPEN *.* auswählen. Im Feld DEVICE wählen Sie die Laufwerknummer des USB-Sticks.

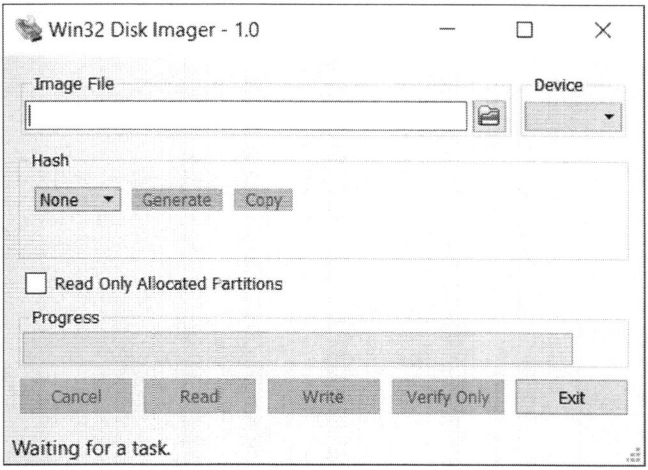

Abb. 1.4: Die Oberfläche des Win32 Disk Imager

Wie ich Ihnen bereits beschrieben habe, ist es sehr sinnvoll, die Prüfsumme berechnen zu lassen. Falls Sie dies bislang noch nicht getan haben, wählen Sie also im Feld HASH den Prüfsummentyp MD5 aus und lassen mit Klick auf den Button GENERATE eine Prüfsumme berechnen.

Kapitel 2

Installation

2.1 Live-Version oder Festinstallation, allein oder parallel?

Vielleicht möchten Sie ja zuerst ausprobieren, ob Ihnen die Handhabung von Ubuntu überhaupt zusagt oder ob Ihre Hardware reibungslos funktioniert. Oder Sie nutzen Programme, die ausschließlich unter Windows lauffähig sind. Die Entscheidung für Ubuntu muss nicht ausschließlich sein, Sie müssen sich nicht einmal sofort entscheiden, denn Ubuntu kann in zwei Versionen installiert werden:

Sie können Ubuntu als sogenannte *Live-Version* installieren, bei der es sich streng genommen gar nicht um eine Installation handelt. Ubuntu wird hierbei gleich von der DVD oder vom USB-Stick gebootet. Sie können Ubuntu benutzen, ohne Veränderungen an Ihrem PC vorzunehmen.

Bei der *Festinstallation* installieren Sie das Betriebssystem direkt auf die Festplatte des Computers. Diese Installationsart ist nicht ganz so leicht rückgängig zu machen, aber sinnvoll, wenn Sie sich entscheiden, Ubuntu regelmäßig zu nutzen.

Hinweis

Auch bei einer Festinstallation müssen Sie sich nicht von Ihrem bisherigen Betriebssystem verabschieden. Installieren Sie die beiden Betriebssysteme parallel und entscheiden Sie beim Programmstart, ob Sie Ubuntu oder ein anderes System nutzen möchten.

2.2 Ubuntu per Live-Version ausprobieren

Es gibt sicher eine ganze Reihe von Gründen, Ubuntu als Live-Version zu nutzen. Sie können versuchen, ob Ihnen die Arbeitsumgebung überhaupt gefällt, oder verschiedene Ubuntu Flavours ausprobieren, ohne gleich eine zeitaufwendige, vollständige Installation vorzunehmen. Vielleicht brauchen Sie Ubuntu aber auch, um Daten von einem beschädigten Windows-PC zu retten.

Legen Sie dazu die DVD in das Laufwerk oder schließen Sie den Stick an und starten Sie Ihren PC. Sollte das bisherige Betriebssystem starten, müssen Sie Ihrem PC beibringen, dass er den Bootsektor nicht auf der Festplatte, sondern auf der DVD oder dem USB-Stick suchen soll. Dazu müssen Sie eine Veränderung am BIOS-Setup Ihres Computers vornehmen.

Achten Sie hierfür beim Startvorgang des PC auf den unteren Rand des Monitors. Kurz nach dem Einschalten erscheint eine Aufforderung, die je nach verwendetem Chip so oder ähnlich lautet: Hit ... to Enter Setup. Merken Sie sich die entsprechende Taste, beim ersten Mal kann man gar nicht schnell genug lesen und die richtige Taste finden. In aller Regel handelt es sich um die Taste [Entf] oder eine der Tasten [F1] bis [F10].

Nachdem Sie das BIOS so aufgerufen haben, erscheint ein Bild, das an die Ursprünge des Computerzeitalters erinnert:

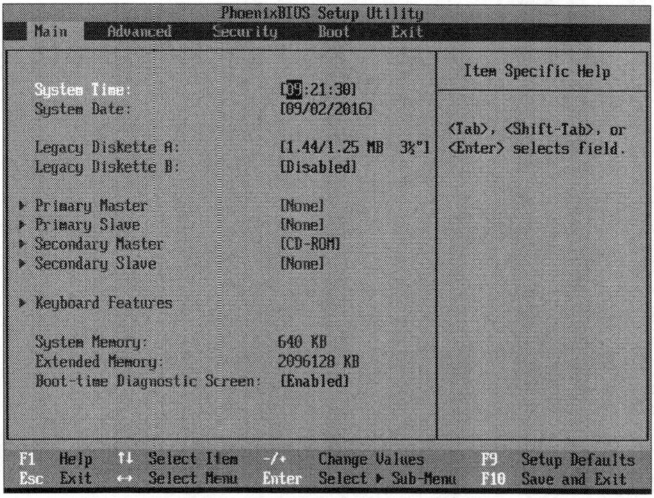

Abb. 2.1: Der Begrüßungsbildschirm des BIOS. Dieser kann je nach Hersteller auch ein wenig anders aussehen.

Suchen Sie innerhalb des Setups die Boot Options und hier die Boot Sequence. Die Bootsequenz ist die Reihenfolge der Laufwerke, in der der Rechner nach einem Betriebssystem suchen wird.

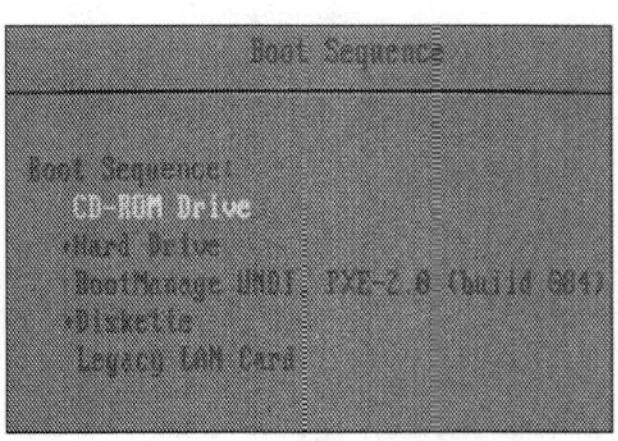

Abb. 2.2: CD-ROM als Bootsequenz ausgewählt

Markieren Sie den Eintrag CD-ROM DRIVE oder USB-STICK (falls vorhanden) und verschieben Sie ihn mit der [+]-Taste Ihrer Tastatur nach oben.

Bestätigen Sie Ihre Veränderungen und verlassen Sie das BIOS. Starten Sie nun Ihren Computer neu. Wenn Ihre BIOS-Einstellungen erfolgreich waren, hören Sie das DVD-Laufwerk arbeiten und der Startvorgang läuft erheblich langsamer, als Sie dies gewohnt sind. Schließlich erscheint dieser Bildschirm:

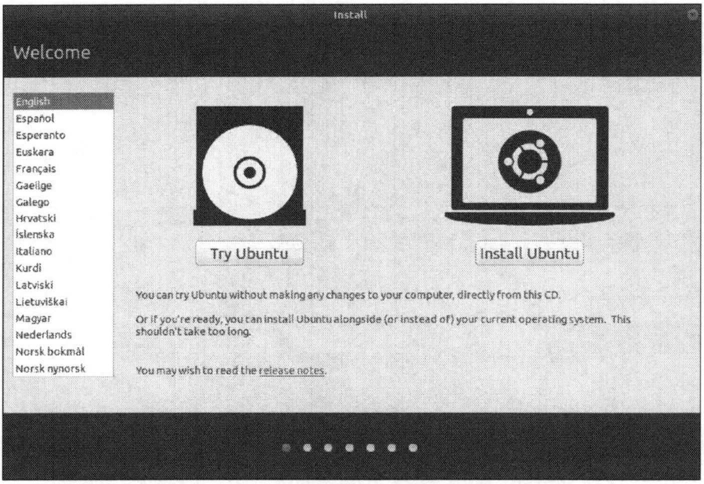

Abb. 2.3: Ubuntu ausprobieren oder installieren – in vielen verschiedenen Sprachen

Geben Sie die gewünschte Sprache ein und klicken Sie auf den Button UBUNTU AUSPROBIEREN. Nun startet Ubuntu von der DVD und nach einiger Zeit erscheint der Ubuntu-Desktop.

UEFI statt BIOS

Wenn Sie einen PC besitzen, auf dem mindestens Windows 7 vorinstalliert war, ist es sehr gut möglich, dass er nicht mit einem BIOS, sondern dem Nachfolger, dem sogenannten *UEFI* (*Unified Extensible Firmware Interface*) ausgestattet ist. Haben Sie einen PC mit vorinstalliertem Windows 8, so ist dies sogar mit Sicherheit der Fall, da Microsoft ab 2011 die PC-Hersteller verpflichtet hat, UEFI einzusetzen, wenn Windows als Betriebssystem vorinstalliert werden sollte. UEFI macht grundsätzlich genau das Gleiche wie das BIOS, bringt aber deutlich mehr Funktionen mit, unterstützt die neueste Hardware und sieht obendrein bei den meisten Herstellern viel moderner aus. Um herauszufinden, ob Windows im UEFI-Modus läuft, gehen Sie folgendermaßen vor:

Drücken Sie unter Windows die Tastenkombination `Win`+`R` und geben Sie im nun erscheinenden Dialogfeld `diskmgmt.msc` ein.

Öffnen Sie den Reiter Volumes und klicken Sie mit der rechten Maustaste auf den Eintrag Datenträger 0. Unter dem Menüpunkt Eigenschaften finden Sie den Eintrag Partitionsstil.

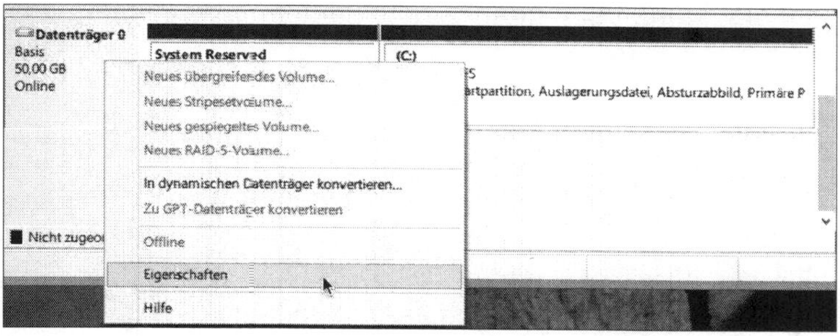

Abb. 2.4: So finden Sie heraus, ob ein BIOS oder ein UEFI auf Ihrem PC vorinstalliert ist.

Der Eintrag *Master Boot Record* bedeutet, dass der PC ein herkömmliches BIOS an Bord hat, *GUID-Partitionstabelle* gibt an, dass Ihr System mit UEFI läuft.

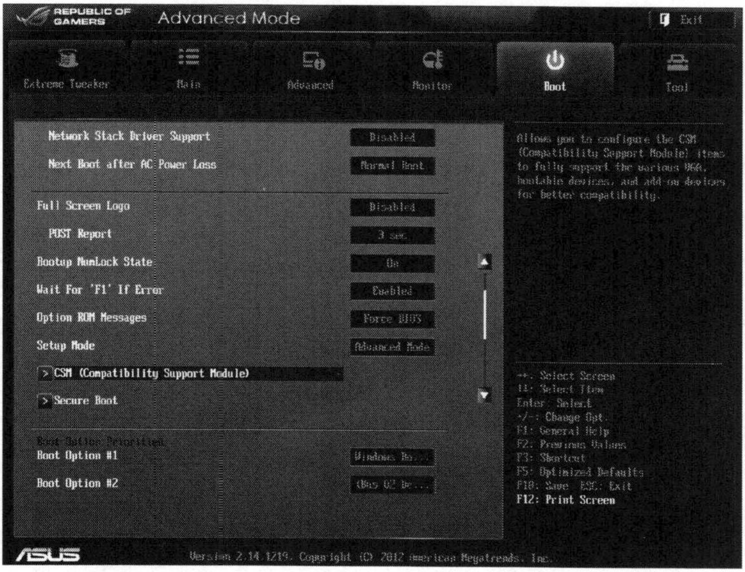

Abb. 2.5: UEFI-Oberfläche

Warum ist dies für uns wichtig? UEFI bringt ein Feature mit, das unsere Installation nicht gerade erleichtert: *Fast Boot*. Dies sorgt dafür, dass der PC so schnell startet, dass es für uns sehr schwierig wird, die richtige Taste zu drücken, die es uns ermöglicht, UEFI zu starten.

Wenn Sie noch über ein funktionierendes Windows verfügen, ist der Weg folgender:

Windows 8

- Win+C drücken, um das Charme-Menü zu öffnen
- Einstellungen|PC-Einstellungen ändern|Allgemein
- Unter Erweiterter Start auf Jetzt neu starten klicken und die Option Problembehandlung|Erweiterte Optionen|UEFI-Firmwareeinstellungen auswählen
- Neu starten

Windows 8.1 und 10

- Win+C drücken, um das Charme-Menü zu öffnen
- Einstellungen|PC-Einstellungen|Update/Wiederherstellung|Wiederherstellung
- Unter Erweiterter Start auf Jetzt neu starten klicken und die Option Problembehandlung|Erweiterte Optionen|UEFI-Firmwareeinstellungen auswählen
- Neu starten

Nun stellen Sie die Bootreihenfolge so ein, dass das Bootmedium mit Ubuntu ganz oben in der Reihe erscheint.

Starten Sie den Computer mit eingelegter Installations-DVD neu und warten Sie ab. Nach einiger Zeit erscheint der Desktop. Sehen Sie sich um und probieren Sie ruhig alles aus, Sie nehmen keinerlei Veränderungen an Ihrem Computer vor.

2.3 Auf eine defekte Windows-Installation zugreifen

Ein gefürchtetes Problem: Ihr Windows-PC startet nicht mehr oder stürzt andauernd ab, sodass auch einfachere Tätigkeiten nicht mehr möglich sind. Allerdings befinden sich jede Menge wichtiger Dateien von der Diplomarbeit über die Musiksammlung bis zu Familienfotos auf dem Computer. Wenn Sie jetzt ein neues Betriebssystem aufspielen müssen, sind diese Schätze unrettbar verloren. Aber keine Sorge: Sie können mithilfe einer Live-Installation auf die Dateien zugreifen, ohne Windows zu starten, und diese auf ein externes Laufwerk kopieren.

Nach dem Start sehen Sie am linken Bildrand Icons, die die vorhandenen Laufwerke anzeigen. Hinter dem Icon mit dem Namen *boot* verbirgt sich Ihr Windows-Laufwerk.

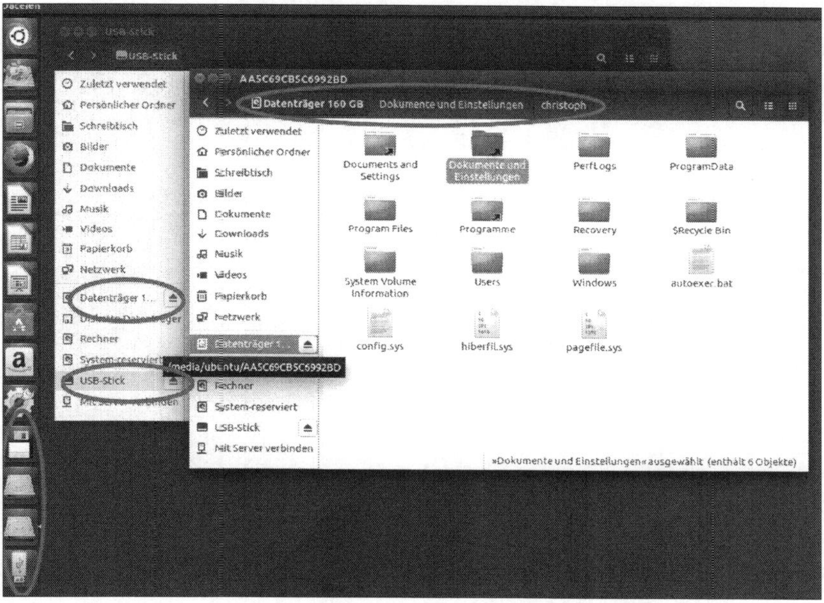

Abb. 2.6: Ganz einfacher Zugriff auf die Dateien Ihrer Windows-Partition

Sollten Sie sich an die Windows-Vorgaben gehalten haben, wurden alle Ihre Dateien im Verzeichnis \Users\IHRNAME\... gespeichert. Sie können beruhigt durch die Verzeichnisse scrollen, vorläufig verändern Sie hier nichts. Schließen Sie nun eine externe Festplatte an, warten Sie, bis Ubuntu diese erkannt hat, und kopieren Sie die zu rettenden Daten per Drag & Drop.

Wenn Sie sich genügend umgesehen und wichtige Dateien gerettet haben, fahren Sie den Computer herunter. Nutzen Sie dazu das Menü ganz rechts oben mit dem Punkt HERUNTERFAHREN...

2.4 Ubuntu dauerhaft installieren

Starten Sie den Rechner mit eingelegter DVD neu. Wenn das Fragefenster (siehe Abbildung 2.7) erscheint, wählen Sie zuerst Ihre bevorzugte Sprache und klicken dann auf den Button UBUNTU INSTALLIEREN. Während der Installation werden Sie von Ubuntu so an die Hand genommen, dass eigentlich nichts schiefgehen kann.

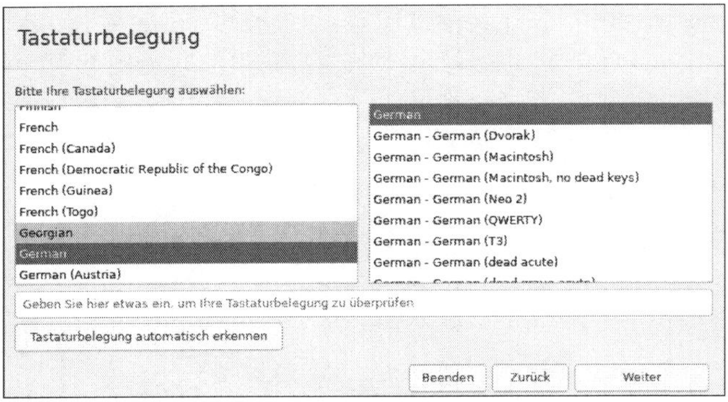

Abb. 2.7: Welche Tastaturbelegung darf es sein?

Stellen Sie zuerst die gewünschte Sprache und Tastaturbelegung ein und klicken Sie auf den Button WEITER.

Im nächsten Fenster werden Sie vor die Entscheidung gestellt, ob Sie Ubuntu *normal*, das heißt mit allen üblichen Programmen, oder *minimal* installieren wollen.

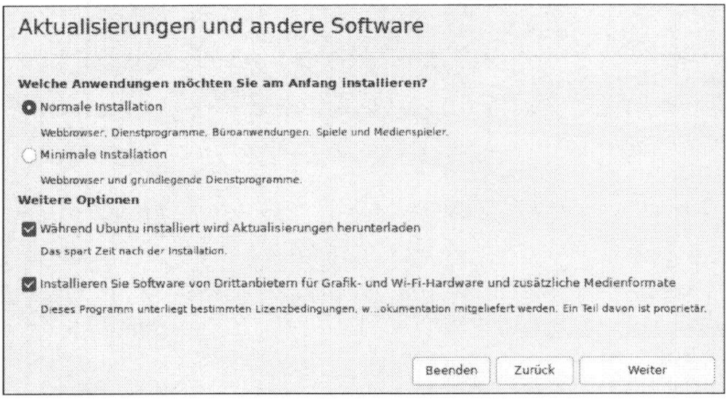

Abb. 2.8: Normal oder minimal installieren?

Minimale Installation

Hier installieren Sie nur Ubuntu samt Desktop und dem Firefox-Browser. Alle anderen Programme, die Sie benötigen, müssen Sie selbst installieren. Damit umgehen Sie, dass Sie Programme auf Ihrem Rechner haben, die Sie gar nicht wollen oder brauchen. Das spart zum einen Downloadvolumen und zum anderen Zeit, da der Installationsvorgang sehr viel schneller vonstattengeht.

Wenn Sie mit einem entsprechenden Haken schon während der Installation von Ubuntu Aktualisierungen herunterladen aktiviert haben, vereinfachen Sie sich den Rest der Installation.

Bei der Software von Drittanbietern (zweite Option) handelt es sich im Wesentlichen um Multimedia-Codecs und Programme, die nicht Open Source sind. Dies widerspricht im Grunde den Prinzipien von Linux, allerdings können Sie keine .mp3-Dateien hören und keine Filme ansehen, wenn Sie auf diese Option verzichten.

Nachdem Sie den Button Weiter betätigt haben, erscheint gegebenenfalls das Optionsfenster, in dem Sie gefragt werden, ob Sie Ubuntu neben einem anderen Betriebssystem installieren wollen. In diesem Fall haben Sie bei jedem Hochfahren des Computers über einen sogenannten *Bootloader* die Wahl, mit Ubuntu oder mit Windows zu arbeiten. Wenn Sie Programme nutzen, für die Sie zwingend auf Windows angewiesen sind, weil es keine Linux-Alternative gibt, ist diese Auswahl die richtige.

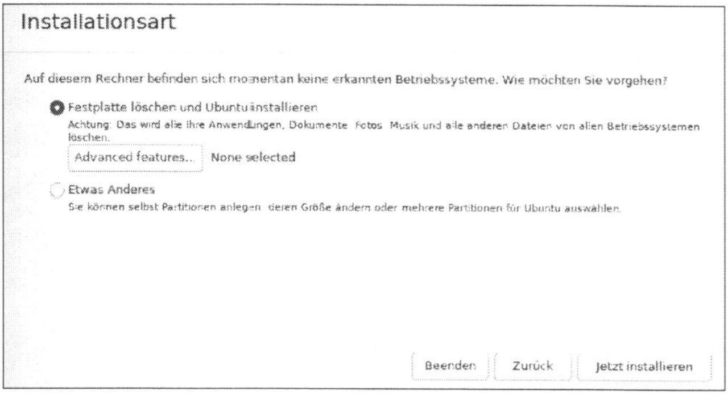

Abb. 2.9: Die Festplatte wird gelöscht und Ubuntu wird alleine installiert.

Falls Sie sich sicher sind, auf Ihre Windows-Installation verzichten zu können, lassen Sie die komplette Festplatte löschen und Ubuntu wird als einziges Betriebssystem installiert.

Der Button Advanced features ermöglicht Ihnen, Ihre Ubuntu-Installation zu verschlüsseln. Sie werden dann in einem nächsten Fenster aufgefordert, einen Sicherheitsschlüssel anzulegen. Diese Verschlüsselung ist wohl nicht nötig, wenn Sie sich im häuslichen Umfeld bewegen und sich keine hochsensiblen Daten auf Ihrem Computer befinden. Sie ist auch nicht mit dem Passwort zu verwechseln, das Ihren Bereich später schützt.

ZFS ist ein Dateisystem, das für Rechenzentren oder Server mit riesigen Datenmengen konzipiert wurde. Wenn Sie nicht gerade mit Dutzenden Festplatten arbeiten, sollten Sie diese Option nicht nutzen.

Die Option »Etwas anderes«

Wenn Sie heute zum ersten Mal ein Betriebssystem installieren, sollten Sie mit dieser Option vorsichtig sein; falls Sie allerdings ein kleines bisschen Erfahrung mitbringen, bietet sie eine sehr interessante Installationsmöglichkeit:

Im Grunde besteht Linux, und damit auch Ubuntu, aus drei Teilen:

- Dem `root`-Verzeichnis, in dem das Betriebssystem enthalten ist
- Dem `/home`-Verzeichnis, in dem alle Dateien eines Nutzers enthalten sind
- Dem `swap`-Verzeichnis, eine Art erweiterter Arbeitsspeicher, in dem das System Dateien auf die Festplatte schreibt, wenn der Arbeitsspeicher nicht ausreicht

Die »normale« Installation schreibt alle drei Teile in eine Partition auf die Festplatte. Das ist einfach und funktioniert, das Problem taucht erst dann auf, wenn Sie eine neue Ubuntu-Version installieren wollen oder Ubuntu nicht mehr startet.

Die elegantere Variante sieht vor, alle drei Teile in verschiedene Partitionen zu schreiben, möglicherweise sogar auf verschiedenen Festplatten, oder als ein transportables System auf einen USB-Stick zu installieren. Ich beschreibe hier die Installation auf einem PC mit einer Festplatte, bei der in Zukunft Ubuntu als einziges Betriebssystem geführt wird.

Klicken Sie auf den Button ETWAS ANDERES, erscheint ein Fenster, in dem Sie zunächst sehen, welche Festplatten auf Ihrem Computer verbaut sind. Festplatten erscheinen als `/dev/sda`, `/dev/sdb` und so weiter. Befinden sich auf einer Festplatte mehrere Partitionen, erscheinen diese als `/dev/sda1`, `dev/sda2`. Sie müssen sehr sicher sein, auf welche Festplatte Sie Ubuntu installieren wollen, sonst überschreiben Sie am Ende eine bestehende Installation. Auf dieser Festplatte dürfen zuvor keine Daten oder ein anderes Betriebssystem sein.

Klicken Sie auf den Schalter GERÄT FÜR DIE BOOTLOADER-INSTALLATION, dann erhalten Sie die Information, welche Festplatte oder welches USB-Gerät sich jeweils hinter den etwas kryptischen Bezeichnungen verbirgt.

Wählen Sie nun die Festplatte aus, auf der Sie Ubuntu installieren möchten, und klicken Sie dann auf den Button NEUE PARTITIONSTABELLE.

Wichtig!

Alle Inhalte dieser Festplatte werden nun überschrieben.

Die root-Partition

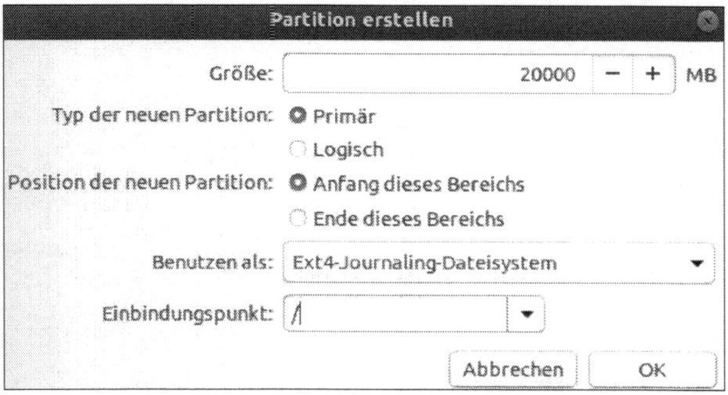

Abb. 2.10: So wird die root-Partition angelegt.

Erstellen Sie nun die erste Partition, das root-Verzeichnis, die nur das Betriebssystem enthalten soll, mit einem Klick auf das +. Im folgenden Fenster stellen Sie zunächst die Größe der Partition ein. Die hängt natürlich von der Größe der vorhandenen Festplatte ab, sollte aber mindestens eine Größe von 30 GB, das sind 30000 MB, betragen. Als Typ der Partition legen Sie Primär fest, die Position ist am Anfang dieses Bereichs und im Drop-down-Menü Benutzen als: wählen Sie die Option Ext4-Journaling-Dateisystem. Als Einbindungspunkt legen Sie / fest. Klicken Sie auf OK.

Die swap-Partition

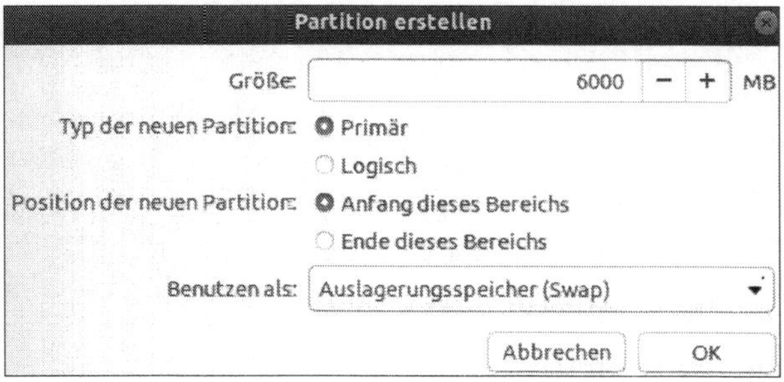

Abb. 2.11: Die swap-Partition braucht keinen Einhängepunkt.

Mit OK kommen Sie zum ersten Fenster zurück und klicken erneut auf das +. Definieren Sie nun die swap-Partition. Die Größe hängt von der Größe des verbauten Arbeitsspeichers ab. 4000 bis 8000 MB Größe sind üblich, mehr hat meistens keinen Sinn, da bei großem Arbeitsspeicher diese Partition kaum zum Einsatz kommt.

Auch hier definieren Sie die Partition als *Primär*, legen sie an den Anfang des Bereichs und klicken bei Benutzen als: auf die Option Auslagerungsspeicher (Swap). Einen Einhängepunkt brauchen Sie hier nicht zu definieren.

Die /home-Partition

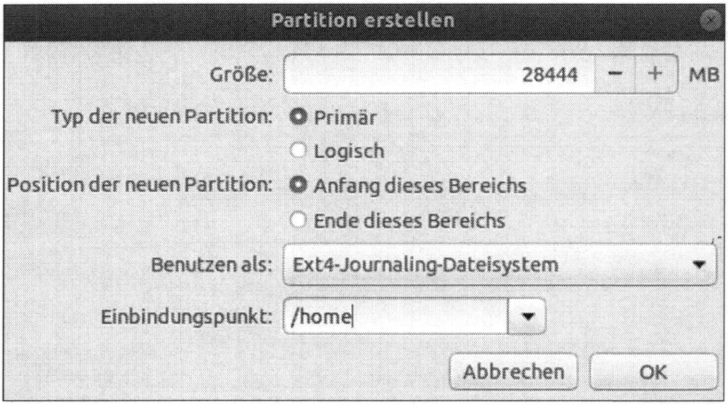

Abb. 2.12: Und so wird die /home-Partition, also der Teil, in dem Ihre Dateien gesammelt werden, angelegt.

Als Letztes erzeugen Sie die Partition, die das /home-Verzeichnis beinhalten soll. Diese Partition ist die größte, enthält sie doch am Ende alle Ihre Dateien.

Gehen Sie dazu genauso vor wie bei der Installation der root-Partition, als Einhängepunkt legen Sie allerdings /home fest. Verwenden Sie den gesamten zur Verfügung stehenden Speicherplatz für diese Partition.

Der Bootloader

Die letzte Entscheidung, die Sie treffen müssen, ist der Ort des Bootloaders. Befinden sich alle erstellten Partitionen auf einem Computerlaufwerk, brauchen Sie nichts zu tun; haben Sie Ubuntu aber auf einem USB-Stick oder -Laufwerk installiert, legen Sie diesen Ort als Gerät für die Bootloader-Installation fest. Dazu klicken Sie auf den gleichnamigen Button, wählen das USB-Gerät aus und klicken auf OK.

Abb. 2.13: So sollten die Partitionen aussehen.

Nehmen Sie sich einen Moment Zeit und überprüfen Sie die Partitionen und die Einhängeorte. Wenn alles in Ordnung ist, betätigen Sie den Button JETZT INSTALLIEREN und geben Sie, falls Sie Ihre Festplatte verschlüsseln wollen, einen Sicherheitsschlüssel ein.

Im nächsten Bildschirm legen Sie Ihre Zeitzone fest.

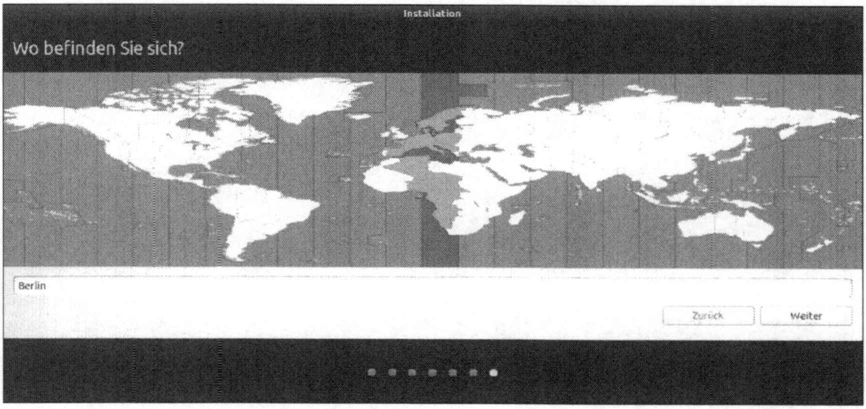

Abb. 2.14: Hier wird die interne Uhr eingerichtet.

Nach erneuter Betätigung des Buttons WEITER erscheint ein Feld, in dem Sie sich als Hauptnutzer anmelden (siehe Abbildung 2.15).

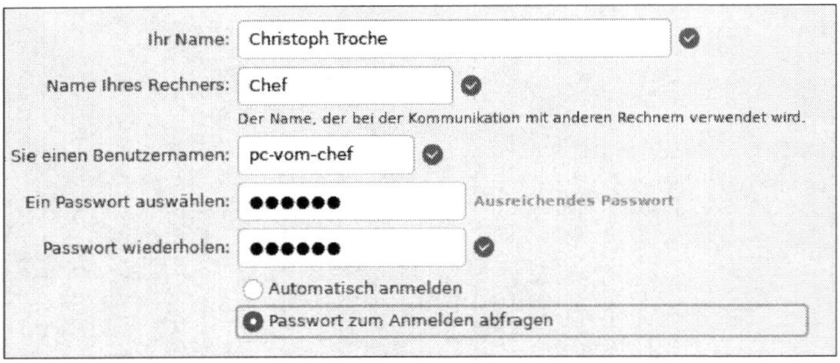

Abb. 2.15: Geben Sie Ihren Namen, einen Benutzernamen und ein Passwort ein.

Nun müssen Sie einige Daten als Hauptbenutzer des Computers eingeben. Nur Sie können dann nach Eingabe Ihres Passworts wichtige Systemeinstellungen verändern. Der Benutzername für die Anmeldung am System darf nur Kleinbuchstaben und keine Umlaute enthalten. Sollten Sie allein Zugang zum Computer haben, können Sie gegebenenfalls auf die Abfrage zur Anmeldung verzichten. Dann aktivieren Sie den Button AUTOMATISCH ANMELDEN. Dennoch werden Sie für jede Veränderung im System das Passwort eingeben müssen.

Der Name Ihres Rechners wird zwar automatisch aus Ihrem Namen generiert, es muss aber nicht der vorgeschlagene Name sein. Sie benötigen ihn allerdings, um den Computer im Netzwerk zu identifizieren. Betätigen Sie erneut den WEITER-Button. Jetzt können Sie Pause machen, denn die Installation und das Kopieren der Dateien auf den Rechner dauert seine Zeit.

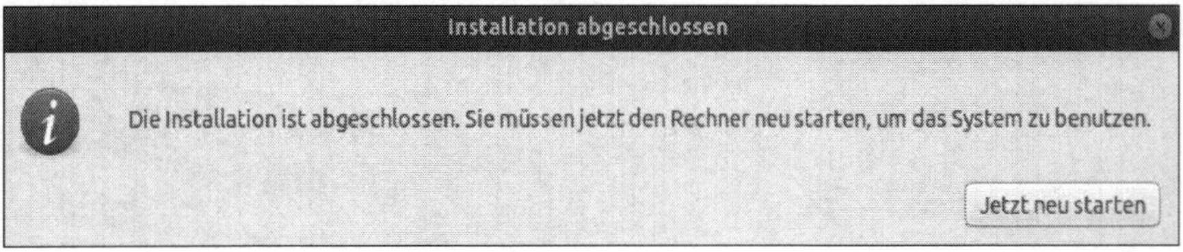

Abb. 2.16: Gratulation, das Schwerste ist geschafft.

Nachdem Ubuntu fertig installiert wurde, nehmen Sie die DVD heraus und starten den PC neu.

Wenn Sie mehrere Betriebssysteme installiert haben, werden Sie nun mit der Oberfläche des Bootloaders *Grub2* empfangen.

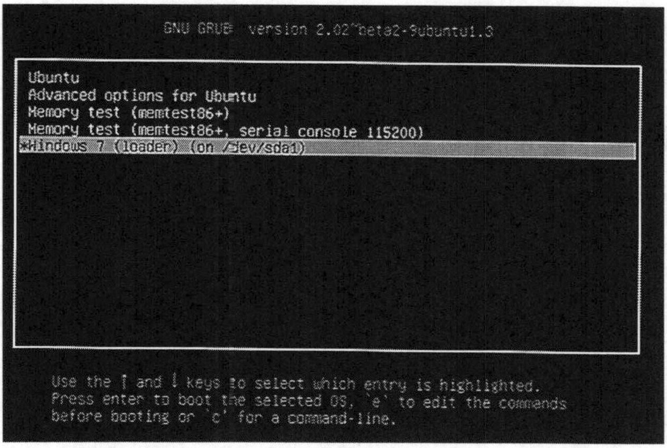

Abb. 2.17: Startfenster des Bootloaders Grub2

Entscheiden Sie, ob Sie mit Ihrem alten Betriebssystem oder mit Ubuntu starten möchten.

Abb. 2.18: Die Oberfläche von Ubuntu

Wichtig!

Zuletzt sollten Sie noch einmal UEFI/BIOS starten, um die Bootsequenz wieder so einzustellen, dass der Bootsektor auf der Festplatte gesucht wird. Damit verhindern Sie, dass eine versehentlich im Laufwerk vergessene Installations-DVD erneut versucht, Ubuntu zu installieren.

2.5 Ubuntu 20.04 per Upgrade installieren

Für das Upgrade von 18.04 auf 20.04 bietet Ubuntu ein Upgrade mithilfe der Systemaktualisierung an. Immer dann, wenn eine neue LTS-Version verfügbar ist, wird Ihnen das Upgrade über die Aktualisierungsverwaltung zur Installation angeboten. Dazu müssen Sie Ihr System zunächst auf den neuesten Stand bringen, das heißt, alle notwendigen Aktualisierungen müssen zuerst vorgenommen werden. Dann sollten Sie eine vollständige Datensicherung vornehmen.

Am einfachsten setzen Sie nun den Upgrade-Vorgang in Gang, indem Sie das Terminal starten und hier den Befehl `sudo update-manager -d` eingeben. Bestätigen Sie den Befehl mit der [↵]-Taste und geben Sie als Nächstes Ihr Passwort ein.

Nun startet das Aktualisierungsprogramm erneut, hat aber eine zusätzliche Zeile: *Nun ist Ubuntu 20.04 LTS verfügbar.* Um jetzt das Upgrade durchzuführen, klicken Sie auf den Button AKTUALISIEREN.

Danach haben Sie wieder sehr viel Zeit. Abhängig von der Internetgeschwindigkeit und Ihrer Hardware kann der Vorgang über eine Stunde dauern.

2.6 Netzwerkinstallation

Wenn Sie schon einmal ein Betriebssystem installiert haben und Sie sich zutrauen, die eine oder andere Entscheidung selbst zu fällen, können Sie eine Netzwerkinstallation vornehmen. Der Vorteil: Sie laden zunächst eine sehr kleine `.iso`-Datei herunter, die nicht viel anderes tut, als Netzwerkkontakt zu Canonical herzustellen. Erst während des Installationsvorgangs werden die übrigen Dateien heruntergeladen, und zwar automatisch in den neuesten, aktuellen Versionen. Dies spart Ihnen jede Menge Zeit und Datenvolumen, und das Feintuning am Ende des Installationsvorgangs entfällt weitgehend.

Es gibt allerdings zwei Einschränkungen:

1. Sie müssen natürlich bereits über eine Internetverbindung verfügen, da ja die Daten während des Installationsvorgangs aus dem Internet heruntergeladen werden. Dazu nutzen Sie am besten eine Verbindung über ein LAN-Kabel.
2. UEFI macht Schwierigkeiten, da die `mini.iso` nicht über die nötigen Schlüssel verfügt. Wenn Ihr UEFI allerdings über einen BIOS-Kompatibilitätsmodus verfügt, können Sie diesen Modus dazu nutzen, die Netzwerkinstallation trotzdem vorzunehmen.

Sie finden die `mini.iso`-Datei unter *https://help.ubuntu.com/community/Installation/MinimalCD*. Erstellen Sie einen bootfähigen USB-Stick und starten Sie den Installationsvorgang so, wie oben beschrieben.

Die Oberfläche der Netzwerkinstallation ist sehr viel einfacher gestaltet, fragt aber im Wesentlichen dieselben Parameter ab, die auch bei der normalen Installation angegeben werden. Auch hier geben Sie an, welche Zeitzone, Sprache, Tastaturbelegung gelten und mit welchen Login-Daten Sie starten möchten. Das wichtigste Fenster ist das letzte (siehe Abbildung 2.19).

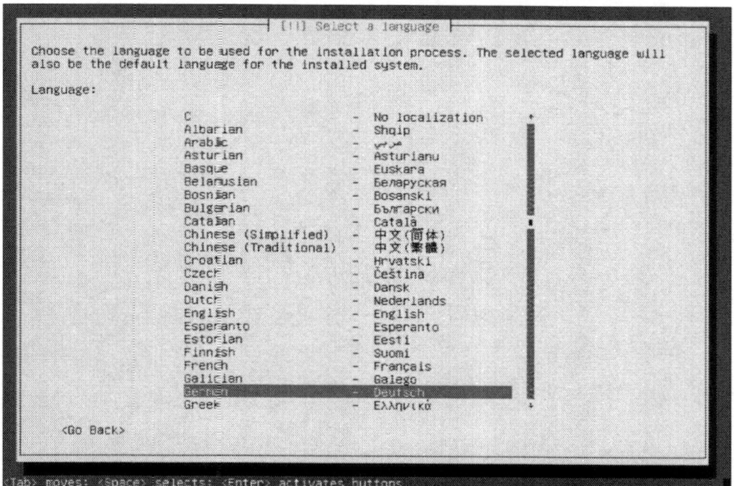

Abb. 2.19: Welche Variante soll es sein?

Hier wählen Sie aus, welche Variante oder Flavour Sie denn letztendlich installieren wollen. Um die Ubuntu-Standardversion auszuwählen, nutzen Sie [Tab] oder die Pfeiltasten und navigieren so zum Eintrag Ubuntu desktop. Die Standardsystemwerkzeuge müssen immer aktiviert bleiben. Drücken Sie die [Leertaste], erst dann ist die Option markiert.

Mit [↵] starten Sie dann die Installation.

Hinweis

Sie können die `mini.iso`-Datei selbstverständlich dazu nutzen, alle vorgeschlagenen Varianten und Flavours zu installieren, allerdings können Sie verständlicherweise keine Live-Installation vornehmen.

Sie sehen, Ubuntu gibt Ihnen eine Vielzahl von Installationsmöglichkeiten, Sie wählen nun diejenige aus, die Ihnen am ehesten entgegenkommt.

Den Bootloader GRUB2 reparieren

Folgendes ist passiert: Sie haben ein älteres Windows auf Ihrem PC parallel zu Linux installiert und geben irgendwann einmal der Werbung von Microsoft auf ein Upgrade nach. Oder ein guter Freund, der »sich mit Computern auskennt«, bietet Ihnen an, ein Windows neben Ubuntu zu installieren. Nach dem Upgrade wird Linux nicht mehr starten, denn der Windows-Bootloader hat ein einnehmendes Wesen und hat GRUB schlicht überschrieben.

Linux ist nicht mehr zu erreichen, der Kumpel auch nicht und Sie stehen vor der schwer lösbaren Aufgabe, Ihre Linux-Partition wieder startbar zu machen.

Hinweis

Ein Bootloader ist so etwas wie der Zündschlüssel eines Betriebssystems, der weitere Teile des Kernels lädt und startet. Haben Sie Linux als einziges Betriebssystem installiert, werden Sie den Bootloader in aller Regel nicht bemerken. *GRUB2* (*Gr*and *U*nified *B*ootloader) ist der Bootloader des GNU-Projekts und wird bei den meisten Linux-Installationen eingesetzt.

Die Lösung ist ein kostenloses Programm namens *Super Grub2*. Sie erhalten es auf der Webseite des Herstellers *https://www.supergrubdisk.org*. Laden Sie dort die Datei `SuperGrub2Disk.iso` herunter und erstellen Sie ein Startmedium, so wie ich es am Anfang dieses Kapitels bereits beschrieben habe.

Und genau so starten Sie Ihren Computer auch: Als Startmedium im BIOS legen Sie den USB-Stick oder die CD-ROM fest. Es erscheint ein spartanisch anmutender Startbildschirm.

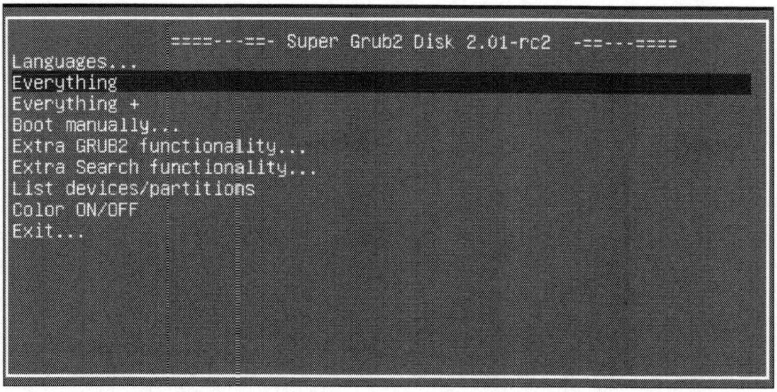

Abb. 2.20: Startbildschirm von Super Grub2 Disk

Sie können zuerst mit den Pfeiltasten eine Sprachauswahl treffen, danach wählen Sie den Eintrag Everything. Anschließend überprüft das Tool die Festplatten nach installierten Kernels und zeigt Ihnen diese an. Unterhalb des Eintrags Entries from... finden Sie aber auch einen Eintrag mit dem Namen der installierten Linux-Distributionen.

Starten Sie das System über diesen Eintrag. Sie können jetzt mit Ubuntu arbeiten, allerdings müssten Sie beim nächsten Start die Prozedur wiederholen, denn Sie haben den Bootloader noch nicht wieder repariert.

Um GRUB2 neu zu installieren, müssen Sie zunächst herausfinden, welches Laufwerk als bootfähig markiert ist. Öffnen Sie im behelfsmäßig gestarteten Linux ein Terminal-Fenster, geben Sie den Befehl

```
sudo fdisk -lu
```

ein und lesen Sie die Ausgabe. Diese kann zum Beispiel so aussehen:

```
Gerät      Boot      Start      Ende   Sektoren Größe  Id Typ
/dev/sdb1  *          2048 304193535 304191488 145,1G 83 Linux
/dev/sdb2       304195582 312578047   8382466     4G  5 Erweiterte
```

Merken Sie sich die Laufwerksbezeichnung, die mit dem * als *Boot* gekennzeichnet ist, in diesem Falle sdb.

Nun wird es Zeit, GRUB2 wiederherzustellen. Geben Sie dazu den Befehl

```
sudo grub-install /dev/sdX
```

ein, wobei Sie X durch den eben festgestellten Laufwerksbuchstaben ersetzen.

Sie benötigen nun wieder das Administratorenpasswort.

Wenn Sie nach ein paar Momenten die Meldung

```
Installation finished. No error reported.
```

bekommen, hat alles geklappt und Sie können Ihren Computer neu starten.

Wichtig!

Kein Betriebssystem ist perfekt und auch bei Installation und Upgrade von Distributionen kann immer irgendetwas schiefgehen. Erstellen Sie sich daher unbedingt eine GRUB2-Disk, um Linux immer starten zu können, wenn es beim Bootloader hakt.

Kapitel 3

Ubuntu fertig einrichten

Falls Sie Ubuntu in einem Live-System nutzen, können Sie dieses Kapitel auch überspringen, denn alle Änderungen, die Sie an Ihrer Installation vornehmen, gehen beim nächsten Start wieder verloren. Schauen Sie sich ruhig mithilfe des nächsten Kapitels den Desktop an, aber seien Sie sich bitte bewusst, dass das ganze System so noch recht unfertig ist. Denn auch wenn es die Distributoren uns gerne glauben machen wollen: Kein Computersystem ist direkt nach der Auslieferung betriebsfertig. Sie als Nutzer werden immer noch den einen oder anderen Parameter einstellen oder nachjustieren müssen, um optimal arbeiten zu können. Ich meine nicht die kleinen Gimmicks, wie das Bild des Desktop-Hintergrunds, sondern durchaus grundlegende Einstellungen. Der Aufwand, Ubuntu einzurichten, ist allerdings überschaubar und am Ende dieses Kapitels haben Sie ein gut funktionierendes, stabiles Betriebssystem.

Nach dem Start des frisch installierten Systems werden Sie von einem Bildschirm empfangen, der gleich einige Entscheidungen von Ihnen abfragt. Sie können diese Angaben bereits jetzt machen oder auf später verschieben.

- *Angaben zu Online-Konten, z.B. Google, Microsoft oder ein Ubuntu-Konto*. Damit lassen sich später andere Anwendungen wie Skype oder ein Google-Kalender leicht einrichten.
- *Livepatches einrichten*: Mit Livepatch beauftragen Sie Canonical, sicherheitsrelevante Updates auf Ihren Computer aufzuspielen, ohne dass Sie extra darüber informiert werden. Das ist nur nötig, wenn Sie einen Computer haben, der nie ausgeschaltet wird.
- *Systeminformationen an Ubuntu senden*
- *Ortungsdienst einschalten*

Ich persönlich fühle mich vor allem mit den beiden letzten Einstellungen nicht wohl, Sie können aber auch nachsehen, welche Informationen übersandt werden. Falls Sie Ihre Entscheidung ändern wollen, können Sie das auch später noch in den Systemeinstellungen tun.

3.1 Die Netzwerkverbindungen einrichten

Um mit Ubuntu sinnvoll zu arbeiten, brauchen Sie zuerst einmal eine Internetverbindung, denn Sie können sonst Ihr System nicht zu Ende einrichten. Im einfachsten Fall sind Sie über einen Router sofort verbunden, doch wenn Sie kabellos online gehen möchten, kann es sein, dass etwas nachgeholfen werden muss.

Per LAN-Kabel

Die Verbindung per Kabel hat eine ganze Menge nicht zu unterschätzender Vorteile: Sie ist ohne Installationsaufwand herstellbar, ist abhörsicher und es muss kein Passwort generiert werden. Darüber hinaus ist sie schneller und viel weniger störanfällig als kabellose Verbindungen. Sie brauchen nur Ihren Router und den Computer mithilfe des Kabels zu verbinden, fertig.

Abb. 3.1: Verbinden Sie Ihren Computer über ein LAN-Kabel mit dem Router, haben Sie sofort eine Verbindung.

Per WLAN

Ubuntu unterstützt mittlerweile von Haus aus sehr viele WLAN-Karten und -Adapter. Dennoch gibt es immer wieder Fälle, in denen sich die Hersteller der für die Installation wichtigen Chipsätze weigern, ihre Spezifikationen bekannt zu geben. Das führt dann dazu, dass Open-Source-Treiber nicht entwickelt werden können. Es ist zwar ein wenig umständlich, aber es ist durchaus möglich, die bekannten Windows-Treiber so einzubinden, dass letztlich alle bekannten und verbreiteten WLAN-Adapter funktionieren.

Wenn Sie mit Ihrem Ubuntu-Computer kein WLAN-Netzwerk finden, klären Sie zuerst einmal, ob der Computer den Adapter überhaupt erkennt. Dazu starten Sie das Terminal.

Hinweis: Das Terminal

Das Terminal ist ein Programm, das es Ihnen ermöglicht, Linux direkt ohne grafische Nutzeroberfläche mithilfe von Befehlen zu steuern. Manchmal ist es einfacher oder auch schlicht schneller, einen Befehl in das Terminal einzugeben, als ein Programm aufzurufen, den richtigen Reiter, die richtige Option und den richtigen Button zu suchen. Ich werde im Laufe des Buches immer wieder auf das Terminal zurückkommen. Sie starten es, indem Sie zunächst auf die neun Punkte in der linken unteren Bildecke klicken und dann auf das Icon TERMINAL.

Geben Sie in dieses Fenster den Befehl

```
sudo iwconfig
```

ein und bestätigen Sie ihn mit der [↵]-Taste. Sie werden dann nach Ihrem Administratorenpasswort gefragt. Wenn nun die Ausgabe

```
no wireless extension
```

erscheint, kann das System den WLAN-Adapter nicht erkennen und Sie müssen einen Treiber installieren. Ich werde Ihnen die Installation eines WLAN-Treibers am Beispiel des weitverbreiteten Fritz!WLAN-USB-Sticks erklären.

Hinweis

Diese Beschreibung gilt für fast alle Windows-basierten WLAN-Treiber. Auf der Projektseite *http://ndiswrapper.sourceforge.net/wiki/index.php/Main_Page* finden Sie eine Datenbank der WLAN-Module, von Actiontec bis Zyxel, die in Linux eingebunden werden können.

Der benötigte Treiber befindet sich auf der CD, die mit dem USB-Stick ausgeliefert wird. Diese Treiber sind aus lizenzrechtlichen Gründen nicht Teil des Linux-Kernels, da es sich um proprietäre Programme handelt. Suchen Sie eine Datei mit dem Namen `Fwusb64.inf`, denn das ist die gesuchte Treiberdatei. Um diesen Treiber in Ubuntu einzubinden, benötigen Sie ein Programm namens *ndiswrapper*.

Und nun beißt sich die Katze in den Schwanz, denn dieses Programm ist nicht Teil Ihrer Distribution. Sie müssen es erst aus dem Internet herunterladen. Sie brauchen also, um ins Internet zu gelangen, ein Programm aus dem Internet. Wenn Sie einen Fritz!WLAN-Stick verwenden möchten, müssen Sie vorübergehend eine andere Methode für Ihre Internetverbindung wählen. Und hier kommt wieder der oben erwähnte Anschluss per LAN-Kabel zum Zuge.

Um dieses Programm gleich mitsamt seiner grafischen Nutzeroberfläche zu installieren, starten Sie das Terminal und geben folgenden Befehl ein:

```
sudo apt-get install ndisgtk
```

Dann drücken Sie [↵]. Geben Sie Ihr Administratorpasswort an und das nicht sehr große Programm wird installiert.

Sie starten dieses Programm allerdings nicht mit einem Symbol, sondern geben zum Starten stattdessen im Terminal den Befehl

```
sudo ndisgtk
```

ein.

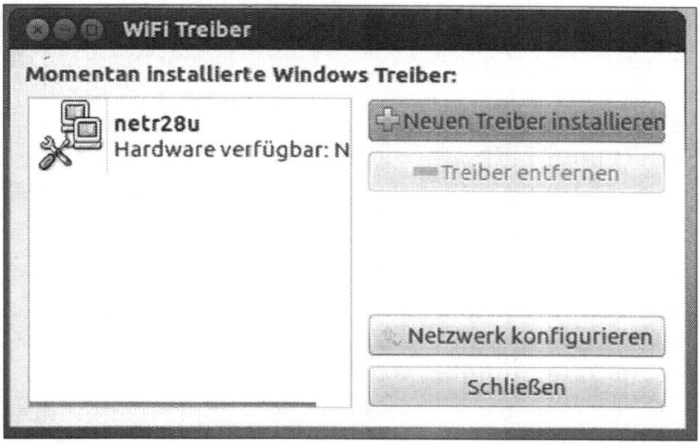

Abb. 3.2: Klicken Sie den Button NEUEN TREIBER INSTALLIEREN an.

Sie wissen, dass die Treiber-Datei sich auf der CD befindet, und wählen den Ort aus. Also markieren Sie die Datei `Fwusb64.inf` und klicken auf den Button ÖFFNEN.

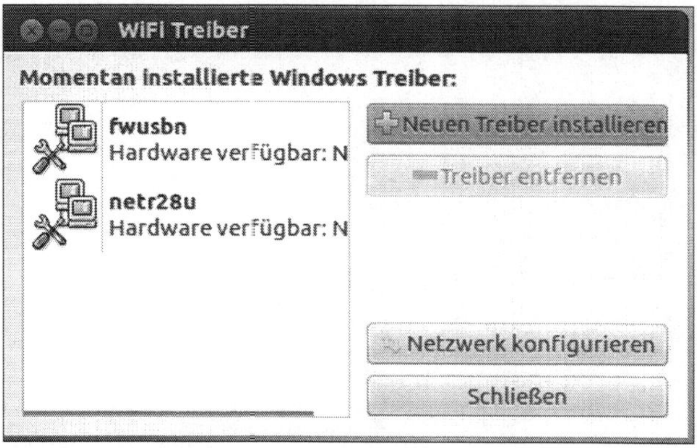

Abb. 3.3: Und schon ist der Treiber installiert.

Nun müssen Sie Ubuntu neu starten, und da Sie ja bereits einmal mit dem Terminal gearbeitet haben, können Sie gleich mal die Funktion des Treibers untersuchen. Geben Sie folgenden Befehl in das Terminal ein:

```
ndiswrapper -l
```

Bestätigen Sie mit der [↵]-Taste.

Erscheint eine Meldung wie `fwlan: driver installed`, haben Sie alles richtig gemacht und können sich daran machen, den Rechner im Internet anzumelden.

Wenn Sie den Treiber von der Herstellerseite beziehen, ist es sehr wahrscheinlich, dass der Treiber die Endung .exe hat. Es handelt sich in diesem Falle oft um gepackte Dateien, die eigentlich nur entpackt werden müssen. Gehen Sie dabei wie folgt vor:

Speichern Sie die .exe-Datei auf Ihrem Computer. Klicken Sie mit der rechten Maustaste auf die .exe-Datei und wählen Sie DATEI ENTPACKEN. Wählen Sie als Ziel ruhig denselben Ordner aus.

Jetzt haben Sie dieselben Dateien auf dem Computer wie vorher auf der CD-ROM. Suchen Sie die Datei `fwusb64.inf` und verfahren Sie bei der Installation wie oben beschrieben. Sie können die heruntergeladenen Dateien nun löschen, wenn Sie möchten, nach der Installation der Treiber werden sie auf dem Computer nicht mehr benötigt.

Per Surf-Stick

Abb. 3.4: Sieht aus wie ein Speicherstick, ermöglicht Ihnen aber einen Zugang zum drahtlosen Breitbandinternet.

Gelegentlich kann es nötig sein, sich mithilfe eines Surf-Sticks mit dem Internet zu verbinden. In der Regel werden Sie hier einen Vertrag über ein bestimmtes Datenvolumen abschließen. Diese Art der Internetverbindung ist recht teuer, aber wenn Sie beispielsweise nach einem Umzug auf einen neuen DSL-Anschluss warten oder auch draußen mit dem Laptop schnelle mobile Internetverbindungen benötigen, ist dies die Methode der Wahl.

Der Anschluss ist sehr einfach: Stecken Sie den Surf-Stick in die USB-Buchse des Computers und geben Sie den mitgelieferten PIN-Code ein. Dieser wird automatisch abgefragt. Klicken Sie nun in den Systemsteuerungen auf den Button NETZWERK und hier auf den Menüpunkt MOBILES BREITBAND.

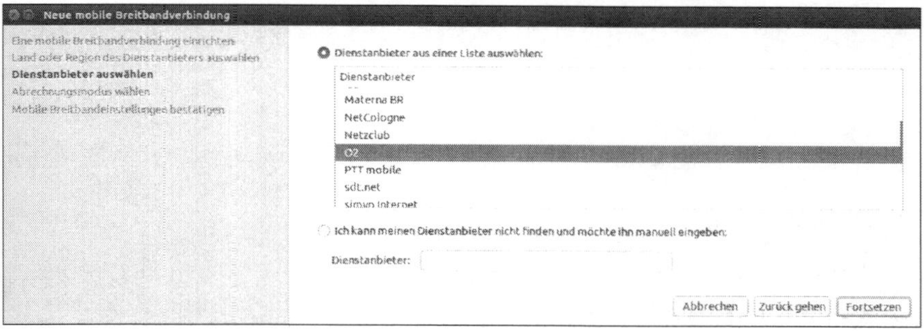

Abb. 3.5: Dialog zur Einrichtung einer mobilen Breitbandverbindung

Sie sollten die Anmeldeunterlagen zur Hand haben, wenn Sie dem Dialog folgen, der je nach Anbieter verschieden umfangreich ist. Der Stick wird vom System automatisch als Surf-Stick erkannt, Treiber müssen nicht installiert werden.

3.2 System aktualisieren

Auch wenn Ihr System während der Installation eine ganze Reihe von Updates herunterladen konnte, ist jetzt die Zeit, erst einmal die Aktualität der installierten Programme zu überprüfen. Sie sollten aber vorher noch einige Einstellungen vornehmen:

- über das Programm *Aktualisierungsverwaltung* und hier den Button EINSTELLUNGEN
- und über das Programm *Anwendungen & Aktualisierungen*.

Hinweis

Die Programme erreichen Sie, indem Sie auf die neun kleinen Punkte im linken unteren Bildschirm klicken.

Starten Sie das Programm *Anwendungen & Aktualisierungen* und wählen Sie hier den ersten Reiter Ubuntu-Anwendungen. Nun stehen Ihnen einige Auswahlparameter zur Verfügung:

- Die Paketquelle main umfasst nur die Programmpakete, die den Ubuntu-Lizenzanforderungen entsprechen und die das Ubuntu-Team auch unterstützt. Für diese Pakete garantiert Ubuntu technische Unterstützung und rechtzeitige Sicherheitspatches.
- Die Paketquelle universe umfasst ein breites Spektrum an freier Software, die nicht offiziell von Canonical, der Firma hinter Ubuntu, unterstützt wird. Die Update-Intervalle sind unregelmäßig, je nach Engagement der Entwickler.
- Die Paketquelle restricted umfasst Software, die von Canonical wegen ihrer Wichtigkeit unterstützt wird, aber keine Open-Source-Software ist. Hierbei handelt es sich oft um Grafikkarten-Treiber. Der Grad an Unterstützung ist allerdings eingeschränkter als für main, weil die Ubuntu-Entwickler keinen Zugriff auf den Quellcode haben.
- Zur Paketquelle multiverse gehört Software, die keine Open-Source-Software ist und auch nicht von Ubuntu unterstützt wird. Das sind z.B. Multimediacodecs für das MP3-Audioformat.

Ich rate Ihnen, alle Optionen zu aktivieren. Die Option Quelltext ist für Sie nur dann interessant, wenn Sie selbst Programme über den Quelltext verändern möchten.

Danach sollten Sie sich den für Ihre Region schnellsten Spiegelserver suchen. Da die Firma Canonical nicht den ganzen Datentransfer aller Downloads und Aktualisierungen alleine bewältigen kann, werden in Rechenzentren und an Universitäten weltweit Server mit demselben Inhalt wie der Originalserver in Südafrika vorgehalten. Diese Server bezeichnet man auch als Spiegelserver. Sie bieten viel Optimierungspotenzial, wenn es um die Ladegeschwindigkeiten geht., da sie ja geografisch näher liegen. Klicken Sie im selben Reiter auf Herunterladen von... und dann lassen Sie Ubuntu den besten Server für Deutschland auswählen.

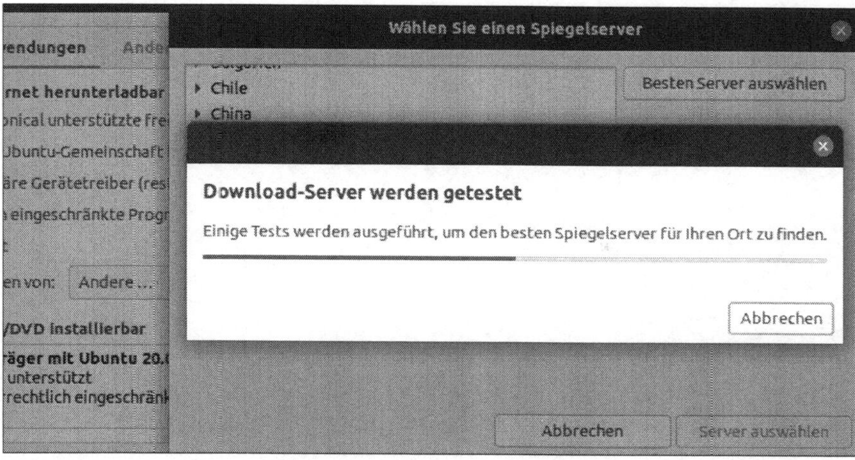

Abb. 3.6: So wird der schnellste Spiegelserver ausgesucht.

Im dritten Reiter Aktualisierung stellen Sie die Parameter am besten so ein wie in Abbildung 3.7.

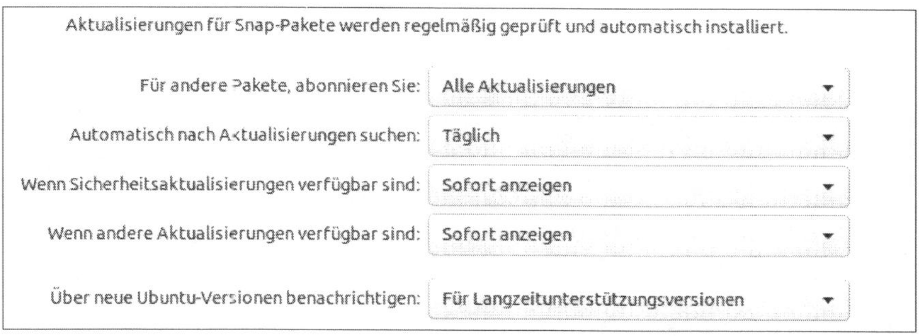

Abb. 3.7: Die Einstellungen, wie oft Sie über Aktualisierungen informiert werden wollen

Nun kommt der wichtige Schritt, in dem Sie überprüfen, ob neue Versionen der installierten Programme und der Systemdateien vorliegen. Und das ist mit großer Sicherheit der Fall. Klicken Sie auf den Button Nach Aktualisierungen suchen. Nachdem Sie mit Ihrem Passwort das Einverständnis zum Update gegeben haben, startet die Prozedur.

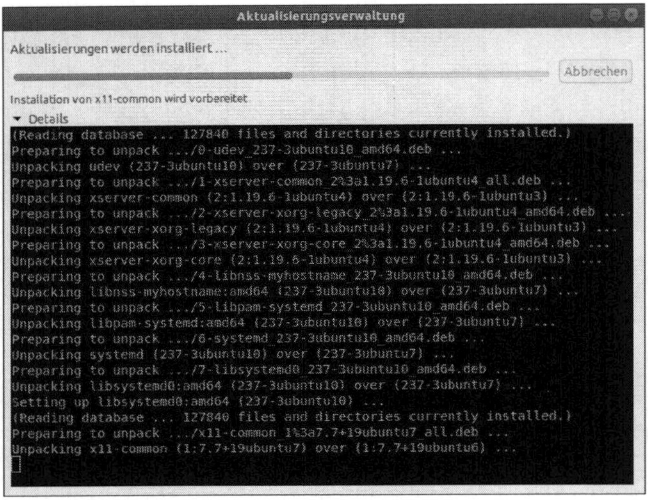

Abb. 3.8: Die Aktualisierung der Programme läuft.

Wenn Sie neugierig sind, klicken Sie auf Details und lassen sich den Fortgang der Installation anzeigen. Sollten Sie dieses Buch erst einige Monate oder Jahre nach der Erstveröffentlichung dieser Ubuntu-Version in den Händen halten, seien Sie darauf gefasst, dass es durchaus ein paar Hundert Updates sein können.

Tipp

Sie können das Update auch anstoßen, indem Sie das Terminal starten und dort den Befehl

```
sudo apt-get update
```

```
sudo apt-get upgrade
```

eingeben.

In Zukunft werden Ihnen fast täglich Aktualisierungen von Programmen, Programmbestandteilen und sogar des Kernels angeboten. Diese werden allerdings niemals automatisch installiert, denn nichts geschieht auf Ihrem PC, ohne dass Sie dezidiert Ihr Einverständnis gegeben haben. Sie werden mithilfe des Symbols in Abbildung 3.9 auf Aktualisierungen hingewiesen. Die Installation verläuft im Hintergrund, Ihre Arbeit wird dann nicht weiter unterbrochen und nur in sehr wenigen Fällen wird ein Neustart angefragt.

Abb. 3.9: Systemaktualisierung

Wichtig!

Führen Sie diese Updates zeitnah aus, das dient der Sicherheit, Stabilität und der Performance Ihres Computers.

3.3 Die Grafikkarte einrichten

In aller Regel erkennt Ubuntu die Grafikkarte oder den Grafikchip und richtet sie entsprechend ein. Weit verbreitet sind Grafikkarten oder -chips von Intel, ATI/AMD und Nvidia. Wenn Sie einen Intel-Grafikchip verbaut haben – dies ist bei etlichen Netbooks und Laptops der Fall –, brauchen Sie gar nichts zu tun. Der Treiber ist dann mit hoher Wahrscheinlichkeit installiert und korrekt konfiguriert. Für ATI/AMD-Grafikkarten steht Ihnen der Open-Source-Treiber *radeon* zur Verfügung, und er funktioniert bei den meisten Grafikkarten auch ohne Probleme. Falls Ihre Karte doch nicht kompatibel ist, suchen Sie die Internetseite *support.amd.com/de-de/Download* auf, wählen Ihre Grafikkarte aus und laden das Installationsprogramm herunter.

Bei einer *NVIDIA*-Grafikkarte sieht dies schon ein klein wenig anders aus. Hier liegen zwei verschiedene Treiber vor. *Nouveau* ist Open Source und in Ubuntu integriert. Er funktioniert, allerdings ohne die Möglichkeiten der Karte auszureizen. *NVIDIA* ist der proprietäre Treiber. Er unterstützt alle Funktionen der Grafikkarte, ist aber eben kein Open-Source-Treiber und kann deshalb auch nicht mit den Distributionen ausgeliefert werden. Ubuntu macht die Installation sehr einfach: Auch hier hilft die Aktualisierungsverwaltung. Wählen Sie in EINSTELLUNGEN den Reiter ZUSÄTZLICHE TREIBER.

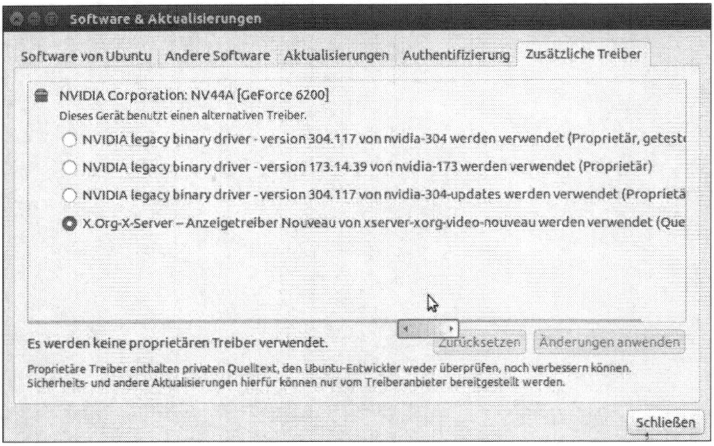

Abb. 3.10: Übersicht über alternative Grafikkartentreiber

In der Regel ist der Treiber mit der höchsten Versionsnummer der empfehlenswerte.

Eine Einstellmöglichkeit, die ich Ihnen nicht vorenthalten möchte, ist die, Ihre Arbeitsfläche mittels eines externen Monitors zu vergrößern. Unter SYSTEMEINSTELLUNGEN |GERÄTE|ANZEIGEGERÄTE haben Sie die Möglichkeit, die Ausrichtung und Auflösung des Monitors einzustellen. In diesem Beispiel in Abbildung 3.11 habe ich an einen Laptop einen externen Monitor angeschlossen, der von Ubuntu erkannt wird.

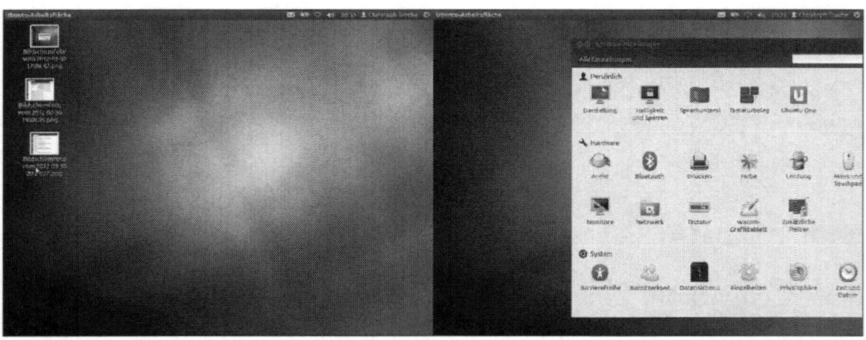

Abb. 3.11: Laptop-Display und Monitor im Parallelbetrieb

Im Normalfall wird der Bildschirm gespiegelt, das heißt, auf dem Monitor erscheint dasselbe Bild wie auf dem Display des Laptops. Die Einstellung ist sinnvoll, wenn Sie einen Beamer anstatt des Monitors verwenden, so können Sie, ohne sich ständig zum Bild umzudrehen, eine Präsentation verfolgen.

Entfernen Sie das Häkchen bei BILDSCHIRME SPIEGELN, erhalten Sie doppelt so viel Arbeitsfläche. Sie können die Monitore dabei neben- oder übereinander platzieren.

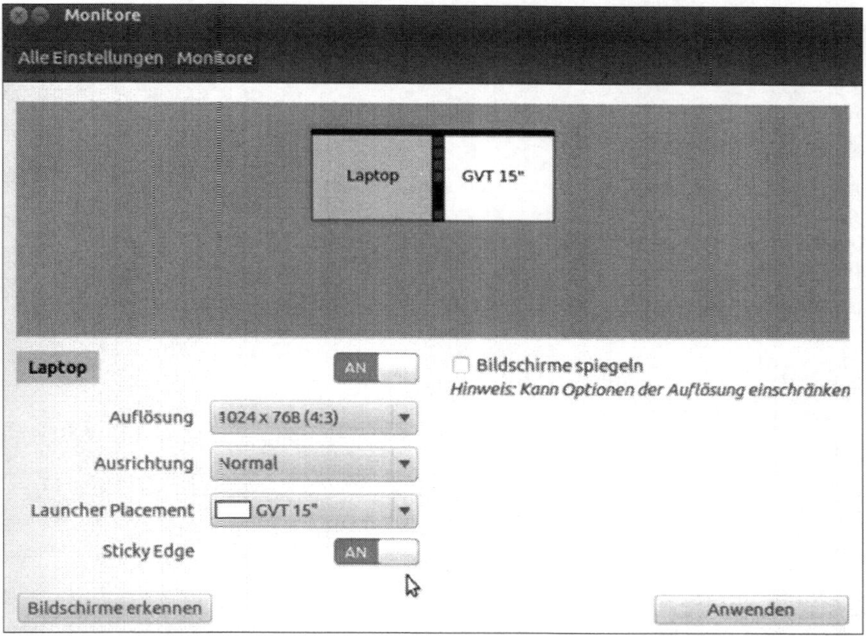

Abb. 3.12: Zwei Bildschirme einrichten

3.4 Sprachpakete komplettieren

Meistens wird – dafür haben Sie ja schon bei der Installation gesorgt – die von Ihnen gewünschte Sprache und damit gleich auch die richtige Tastaturbelegung installiert und festgelegt. Diese Installation wird allerdings nicht immer ganz zu Ende geführt. Sie merken es erst dann, wenn das Menü eines Programms nicht auf Deutsch erscheint. Und auch die Korrektureinstellungen bei LibreOffice funktionieren dann noch nicht.

Schauen Sie sicherheitshalber nach, ob die Spracheinstellung die von Ihnen gewünschte Sprache aktiviert hat und ob Ihre Tastaturbelegung die richtige ist. Sie finden die Spracheinstellung, indem Sie bei der Anzeige aller Anwendungen auf das Symbol SPRACHEN klicken.

Abb. 3.13: Mit einem Klick zu den Spracheinstellungen

Sollte es hier noch ein Defizit geben und Sprachpakete fehlen, meldet sich Ubuntu. Möglichweise wird noch eine Reihe von Sprachkomponenten heruntergeladen und installiert.

Wichtig!

Sie müssen bei der Installation der Sprachpakete unbedingt die Detailansicht öffnen, denn Sie werden möglicherweise ein- oder zweimal gebeten, ein [Y] für YES zu drücken, damit bestimmte Pakete installiert werden.

3.5 Schrifttypen aktualisieren

Wenn Sie sich schon mit den Spracheinstellungen befassen, sollten Sie gleich die Schrifttypen für LibreOffice vervollständigen. Die mitgelieferten Schrifttypen ähneln den originalen von Microsoft, trotzdem werden Dokumente und Schriftbilder oft verfälscht dargestellt. Installieren Sie den *ttf-mscorefonts-installer*, ein kleines Programm, das die gewünschten Schriften aus dem Internet herunterlädt und installiert. Dies können Sie einfach mit dem Programm *Ubuntu-Software* bewerkstelligen, das in Abschnitt 3.9 beschrieben wird.

3.6 Drucker einrichten

Die gute Nachricht: Bei einem nicht repräsentativen Versuch in einem Elektrofachmarkt konnte ich mit einem Ubuntu-Rechner alle Drucker dazu bringen, das zu tun, wozu sie da sind: drucken.

Die schlechte Nachricht: Gimmicks, wie die automatische Nachbestellung verbrauchter Patronen wird in der Regel nicht unterstützt.

Drucker werden innerhalb der Systemeinstellungen eingerichtet. Starten Sie die Systemeinstellungen, schließen Sie den Drucker an und schalten Sie ihn ein. Ubuntu wird nun versuchen, den Drucker zu identifizieren. Wählen Sie das Modell aus, das Ihrem Drucker am nächsten kommt.

Ist dies nicht möglich, weil für den Drucker kein Treiber an Bord ist, müssen Sie die Auswahl manuell vornehmen.

Hinweis

Auf der Internetseite *http://www.openprinting.org/printers* finden Sie eine Datenbank, anhand derer Sie feststellen können, ob Ihr Drucker unterstützt wird oder nicht. Sehr neue und manche All-in-one-Drucker werden nicht immer unterstützt. Werfen Sie auch einen Blick auf die Internetseite des Herstellers. Da Drucker oft auch in Linux-basierten Firmennetzwerken genutzt werden, hat sich die Unterstützung der Hersteller hier gewaltig verbessert.

Diese Installationsvorgänge sind so vielfältig, wie es Drucker gibt. Klicken Sie sich auf der Internetseite Ihres Druckerherstellers zu den Treibern durch – meistens sind diese unter SUPPORT zu finden – und laden Sie die angebotene Datei auf Ihren Rechner herunter.

Hat die Datei die Endung `.deb`, ist die weitere Installation denkbar einfach und wird in Abschnitt 3.11 am Beispiel der Installation von *Opera* beschrieben.

Hat die Datei die Endung `tar.gz`, ist es ein wenig verzwickter. Verfahren Sie wie folgt: Klicken Sie mit der rechten Maustaste auf die Datei und wählen Sie aus dem Kontextmenü HIER ENTPACKEN aus. Es handelt sich nämlich um ein unter Linux sehr gebräuchliches Paketformat. Jetzt erhalten Sie einen Ordner, in dem sich eine Reihe von Unterordnern und einzelnen Dateien befindet. Eine Datei namens `install.sh` oder `run.sh` startet dann den Installationsvorgang.

3.7 Scanner einrichten

Einen Scanner einzurichten, ist nicht nötig. Geräte, die das sogenannte *SANE*-Projekt (Scanner Access Now Easy) unterstützen und direkt am Computer angeschlossen sind, also nicht über ein Netzwerk angesprochen werden, bereiten keine Probleme. Schließen Sie den Scanner an und starten Sie das Programm *Simple Scan*. Wenn der Scanner anspringt und funktioniert – gut. Wenn nicht, haben Sie je nach Hersteller geringe Chancen, ihn zum Laufen zu bringen.

Einige Scanner von Agfa benötigen beispielsweise eine andere Firmware, während für Geräte der Firma Brother eigene Linux-Treiber zur Verfügung stehen. Auf jeden Fall: Sollte Ihr Scanner nicht funktionieren, planen Sie viel Zeit ein oder denken Sie über einen Wechsel nach.

3.8 Zu guter Letzt: Aufräumen

Nachdem Sie nun die Installation fertiggestellt und alle Updates installiert haben, ist es möglich, dass sich noch ältere Programm- oder Kernelversionen auf der Festplatte befinden. Diese beeinflussen nicht so sehr die Performance, aber nehmen unnötig Platz weg. Starten Sie zur Behebung das Terminal und tippen Sie den Befehl:

```
sudo apt-get autoremove
```

ein. Geben Sie noch Ihr Administratorenpasswort ein und bestätigen Sie die Aktion mit der Taste [J], wenn Sie danach gefragt werden. Danach haben Sie einige Hundert MB freien Speicherplatz mehr auf der Festplatte.

3.9 Anwendungen nachinstallieren

Vielleicht ist Ihnen schon einmal aufgefallen, dass es bei dieser Distribution zwar einen Bildbetrachter, aber keine Bildbearbeitung gibt. Anhand des Bildbearbeitungsprogramms *Gimp* werde ich Ihnen zeigen, wie man mithilfe von *Ubuntu-Software* Programme installiert.

Wenn Sie neue Programme suchen und installieren möchten, müssen Sie im Vergleich zu Windows etwas umdenken: Da Microsoft selbst kaum Programme anbietet, haben Sie wahrscheinlich eine CD mit der gewünschten Software im Laden gekauft oder die Internetseite eines (hoffentlich) zuverlässigen Anbieters aufgesucht und hier eine Installationsdatei heruntergeladen. Diese Datei führte dann durch einen einfachen Doppelklick ohne weiteres Zutun die Programminstallation durch. Für die Updates auf die jeweils aktuelle Version ist dann der Hersteller des Programms zuständig, Microsoft hält sich da raus.

So funktioniert Linux nicht.

Bei allen Linux-Distributionen ist es Standard, dass Sie Programme nur von sicheren Paketquellen, sogenannten *Repositorien* aus installieren. Die erste Anlaufstelle hierfür ist der Distributor, in unserem Falle Canonical selbst. Sie kennen diese Vorgehensweise vielleicht von Googles Play Store oder Apples App Store. Beide Unternehmen nahmen sich dieses Modell eines Ökosystems zum Vorbild, allerdings eher um wirtschaftlichen Gewinn daraus zu erzielen. Diese Gewinnabsicht gibt es allerdings bei Linux nicht. Das System dient ausschließlich dazu, dem Nutzer sicheren und freien Zugang zu Programmpaketen zu verschaffen.

Im Unterschied zu Windows kümmert sich Ubuntu nicht nur um die Aktualisierung des Betriebssystems, sondern hat auch einen großen Teil der Anwendungen im Blick und installiert auch hier notwendige Updates.

Hinweis

Das Programm *Ubuntu-Software* verwaltet Installation, Updates und Deinstallation von Programmen und greift dabei auf ein von Canonical verwaltetes Archiv zu. Die hier gesammelten Programme sind meist quelloffen und kostenlos. Die Installation von Software über Ubuntu-Software ist besonders sicher, da die Programme garantiert frei von Schadsoftware sind.

Starten Sie das Programm *Ubuntu-Software* durch Anklicken des entsprechenden Symbols.

Abb. 3.14: Das Symbol für Ubuntu-Software

Ubuntu-Software ist die sichere Quelle zum einfachen Installieren und Deinstallieren von Programmen. Das Programm hilft dabei, sehr komfortabel nach Programmen zu suchen, Bewertungen anderer Benutzer zu lesen und sich vorab über die Software zu informieren. Alle Installationsvorgänge laufen vollautomatisch ab, sodass man nichts falsch machen kann.

Das Programm *Gimp*, das hier installiert werden soll, ist auch außerhalb der Linux-Welt erhältlich und hat sich einen Namen als sehr umfangreicher Bildeditor gemacht. Um sich einen ersten Eindruck davon zu verschaffen, klicken Sie auf den Sucheintrag. Ein Bild wie in Abbildung 3.15 erscheint.

Abb. 3.15: Gimp installieren

Wenn Sie nach unten scrollen, bekommen Sie einen Überblick über die Funktionsvielfalt des Programms und die Bewertungen anderer Nutzer. Wenn Ihnen das Programm gefällt, klicken Sie auf den Button Installieren und legitimieren Sie sich.

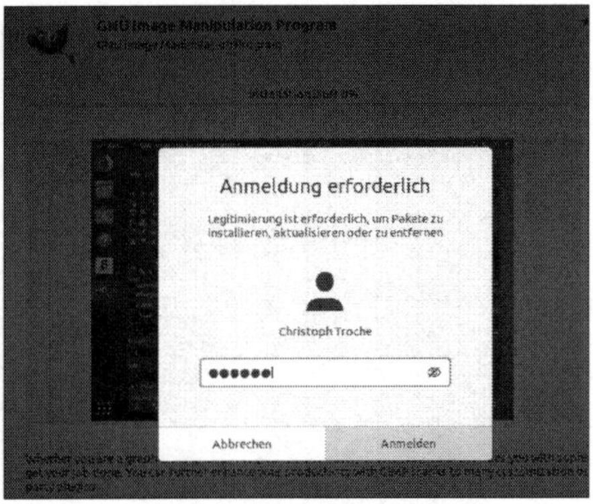

Abb. 3.16: Bei jeder Installation muss das Passwort eingegeben werden.

Nachdem das Programm heruntergeladen ist, installiert es sich automatisch und ohne Ihr Zutun. Sie können das Programm nun nutzen, indem Sie die Anwendungen aufrufen und auf das Symbol von Gimp klicken.

Snappy

Wenn das Suchergebnis für Gimp angezeigt wird, klicken Sie einmal auf den Button QUELLEN. Sie werden mehrere Einträge bemerken. Und wenn Sie sich die jeweiligen Details einmal genauer ansehen, werden Sie feststellen, dass es zwei verschiedene Quellen für das Programm gibt: *Ubuntu* und den *Snap-Store*. Und auch, dass die Größe der beiden Dateien markant unterschiedlich ist.

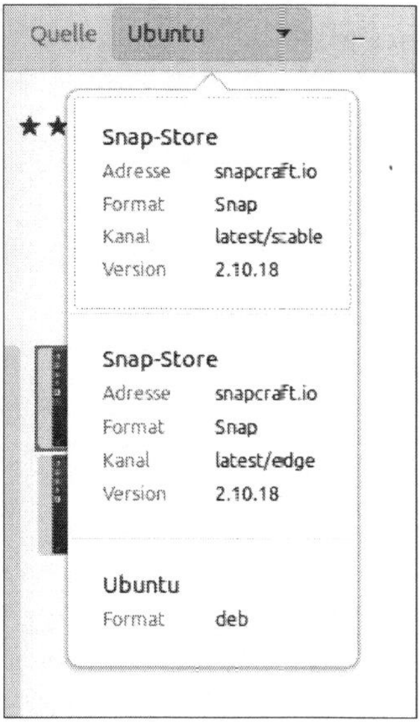

Abb. 3.17: Ubuntu-universe oder Snap-Store?

Snaps sind eine Ubuntu-eigene Entwicklung. Dazu ein bisschen Hintergrund:

Damit Programme funktionieren, reicht es nicht, nur ein oder zwei Dateien auf den PC zu kopieren. Es sind auch noch jede Menge vorgefertigte Programmmodule, sogenannte Bibliotheken nötig, die dem Entwickler die Arbeit ungemein erleichtern. Die Paketverwaltung *APT* (Advanced Packaging Tool) überprüft, ob sich die benötigten Bibliotheken bereits auf dem PC befinden, und lädt sie gegebenenfalls mit herunter. Dabei spricht man von Abhängigkeiten. Es ist durchaus üblich, dass eine Bibliothek gleich von mehreren Programmen genutzt wird. Die Paketverwaltung achtet darauf, dass diese Bibliotheken installiert und auch wieder gelöscht werden, wenn kein anderes Programm sie benötigt. Die Begründung für diese Vorgehensweise liegt in der Vergangenheit, als Festplattenspeicher enorm teuer war und der Platz effizient genutzt werden musste.

So ressourcenschonend das ist, es kann auch zu Problemen führen: wenn bei der Deinstallation nämlich versehentlich eine Bibliothek gelöscht wird, die aber noch von einem anderen Programm genutzt wird, oder wenn im Rahmen eines Updates Bibliotheken erneuert werden, aber ein anderes Programm mit der neuen Bibliotheksversion nicht zurechtkommt.

Die Paketverwaltung *Snappy* versucht diesen Konflikten aus dem Weg zu gehen, indem für jedes Programm ein eigenes Verzeichnis mit allen Bibliotheken exklusiv nur für dieses eine Programm angelegt wird. Bei einem Programmupdate wird dann einfach ein neues Verzeichnis angelegt. Da jede Version eines Programms in ein neues Verzeichnis installiert wird, werden keine bestehenden Dateien überschrieben und die alte Programmversion bleibt erhalten. Diese kann dann bei eventuellen Schwierigkeiten mit der neuen Version problemlos weiterbenutzt werden. Angesichts moderner Festplatten mit riesigen Kapazitäten stellt das auch nicht unbedingt ein Hindernis dar. In der Praxis merken Sie als normaler Nutzer überhaupt nicht, ob Sie ein Programm als Snap oder auf konventionelle Art und Weise installiert haben.

3.10 Programme mithilfe des Terminals installieren

Weiter oben in diesem Kapitel habe ich bereits erwähnt, dass auch mithilfe des Terminals Programme sehr schnell installiert und wieder entfernt werden können. Nur müssen Sie hier den genauen Paketnamen kennen, der sich häufig von dem Namen der Anwendung unterscheidet. Die Installation von Paketen funktioniert mit folgendem Befehl im Terminalfenster:

```
sudo apt-get install <paketname>
```

Mit dem Befehl `sudo` verlangen Sie kurzzeitig Administratorenrechte. Daher müssen Sie nach der Eingabe des Befehls Ihr Administratorenpasswort eingeben. Um beispielsweise das wunderbare Programm *Calibre* zum Organisieren und Editieren von E-Books herunterzuladen, geben Sie den Befehl

```
sudo apt-get install calibre
```

ins Terminal ein. Für die Deinstallation werden die Optionen `remove` nur für die Hauptbestandteile oder `purge` für die komplette Deinstallation einschließlich Konfigurationsdateien verwendet. Um Calibre mitsamt allen Konfigurationsdateien zu entfernen, geben Sie somit den Befehl

```
sudo apt-get purge calibre
```

ins Terminal ein.

Wichtig!

Alle Befehle im Terminal müssen kleingeschrieben werden.

Sie können jedoch durchaus ein Programm mit einer Methode installieren und mithilfe einer anderen wieder entfernen. Denn letztlich greifen alle Installationsmethoden auf das Paketmanagement-System *APT* zu.

3.11 Programme aus anderen Quellen installieren

Sie können Programme natürlich auch aus anderen Quellen als dem Server von Canonical installieren, müssen sich allerdings darüber im Klaren sein, dass Sie hier möglicherweise unsicheres Gelände betreten. Wir schauen uns eine solche Installation einmal anhand des Beispiels *Opera* an, eines alternativen, sehr schnellen Browsers.

Besuchen Sie die Internetseite von Opera (*https://www.opera.com/de*) und suchen Sie hier den Link zu den Downloads. Da die Webseite erkennen kann, dass Sie sie mit einem Ubuntu-Rechner aufsuchen, bekommen Sie die richtige Installationsdatei gleich angezeigt.

Abb. 3.18: Opera von der Webseite installieren

Wählen Sie die Option ÖFFNEN MIT ANWENDUNGSINSTALLATION. Ubuntu wird nun mithilfe von Ubuntu-Software das Programm auf Ihrem Computer installieren.

Genauso verfahren Sie, wenn Sie die .deb-Datei auf Ihrer Festplatte gespeichert haben. Klicken Sie die Datei mit der rechten Maustaste an und wählen Sie die Option ÖFFNEN MIT? und ANWENDUNGSINSTALLATION. Ubuntu-Software wird nun das Programm auf Ihrem Computer installieren.

Hinweis

Achten Sie auf die Endung `.deb`. Diese zeigt an, dass es sich bei dem Programm um ein Debian-Programmpaket handelt. Debian ist die Basis von Ubuntu, Sie können also mit allen Programmen, die die Endung `.deb` haben, gleich verfahren.

Einige populäre Programme, wie z.B. *Skype* oder der *Adobe Reader*, werden standardmäßig nicht über Ubuntu-Software angeboten, da sie nicht quelloffen sind. Um diese unfreie Software trotzdem zur Installation anbieten zu können, unterhält Canonical separate Paketquellen. Um welche Programme es sich dabei handelt, können Sie alphabetisch sortiert auf der Canonical-Archivseite *http://archive.canonical.com/pool/partner/* begutachten. Um diese Programme direkt zugänglich zu machen, starten Sie das Programm *Anwendungen & Aktualisierungen* und aktivieren die Option CANONICAL PARTNER im Reiter ANDERE ANWENDUNGEN.

PPA einbinden

Nun haben Sie zwar mit Opera ein Programm installiert, aber die Aktualisierungsverwaltung »weiß« nichts von dieser Installation. Es werden also auch keine Updates installiert, sofern der Software-Entwickler keine Funktion eingebaut hat, die beim Start des Programms eigenständig nach Updates sucht. Aber selbst dann müssen Sie die Updates immer manuell, abseits der automatischen Aktualisierungsverwaltung, installieren.

Sie können der Aktualisierungsverwaltung allerdings auch mitteilen, dass Sie ein Programm außerhalb Ubuntu-Software installiert haben. Dies passiert mittels eines *PPA* (Personal Package Archive). Auf den Internetseiten der meisten Anbieter finden Sie mehr oder weniger leicht einen Code, um das PPA einzubinden. Allerdings haben nicht alle Anbieter eine benutzerfreundliche Webseite, manchmal muss man schon sehr suchen. Auf folgenden Internetseiten finden Sie die PPA leichter:

https://launchpad.net/ubuntu/+ppas
http://www.ubuntuupdates.org/ppas

Der einfachste Weg, das PPA in Ubuntu einzubinden, führt über das Programm *Anwendungen & Aktualisierungen*. Öffnen Sie hier den Reiter ANDERE ANWENDUNGEN und klicken Sie auf den Button HINZUFÜGEN. In das Dialogfeld geben Sie nun die APT-Zeile ein, die Sie in einer der oben genannten Sammlungen oder (manchmal) auf der Seite der Anbieter finden.

Diese APT-Zeile beginnt immer mit `deb https://`.

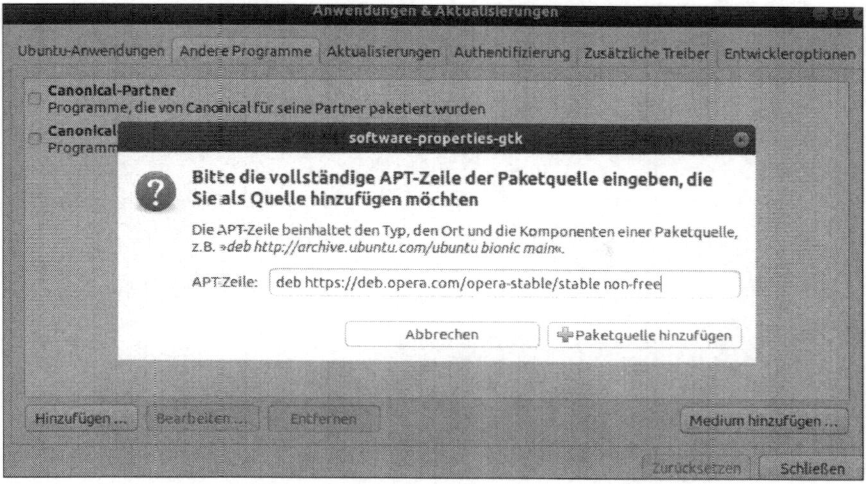

Abb. 3.19: Hier fügen Sie die APT-Zeile ein.

Danach klicken Sie auf Paketquelle hinzufügen und von nun an wird sich Ubuntu um die Paketquelle kümmern. Wenn Sie den Weg über das Terminal wählen, lautet der Code beispielsweise:

```
sudo add-apt-repository 'deb https://deb.opera.com/opera-stable/ stable
non-free'
```

```
wget -qO- https://deb.opera.com/archive.key | sudo apt-key add -
```

Sie müssen diesen Code nur noch per Copy & Paste ins Terminal kopieren, mit Ihrem Passwort bestätigen, fertig.

Als Ergebnis erscheint unter dem Reiter Andere Software ein neuer Eintrag.

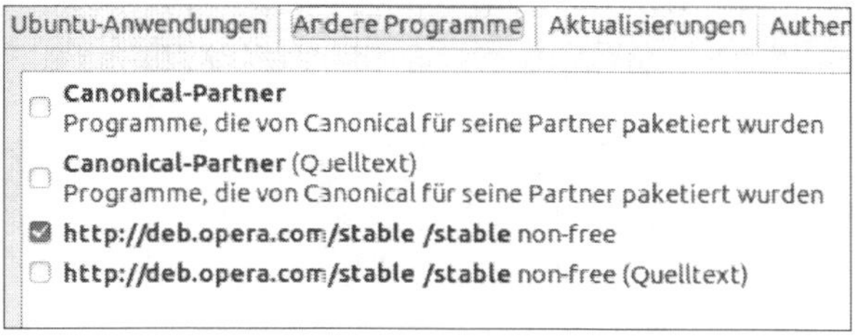

Abb. 3.20: Der neue Eintrag

Nun kümmert sich die Aktualisierungsverwaltung auch um diese Programme.

3.12 Online-Konten einrichten

Ubuntu bietet Ihnen die Möglichkeit, einige Internetkonten zentral zu verwalten. Im Eingangsbildschirm nach dem Programmstart wurden Sie bereits auf diese Möglichkeit hingewiesen. Das ermöglicht Ihnen beispielsweise den Zugang zum Google-Kalender oder einem anderen Online-Kalender. Falls Sie Skype nutzen wollen, könnten Sie ein Konto bei Microsoft angeben. Starten Sie dazu die EINSTELLUNGEN und hier den Reiter INTERNETKONTEN. Wählen Sie den Kontoanbieter aus und melden Sie sich auf Ihrem Konto an.

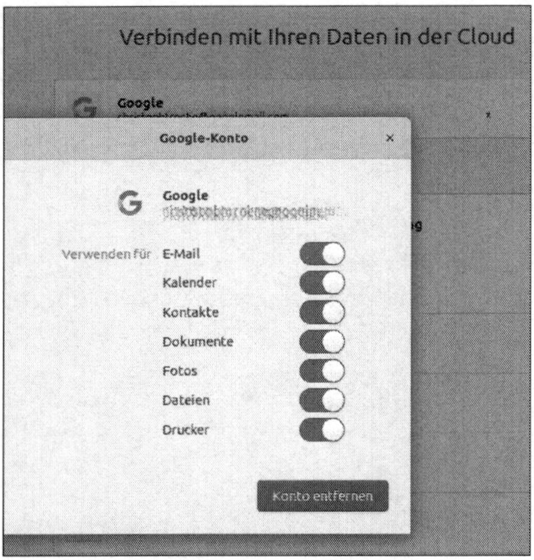

Abb. 3.21: Einrichtung von Online-Konten

Dann wählen Sie aus, welche Daten verwaltet werden sollen. Viel mehr ist nicht zu tun. Sie können jetzt direkt auf Ihren online gespeicherten Kalender zugreifen, Termine eintragen, bearbeiten, löschen und dabei auswählen, ob diese lokal oder im Google-Konto gespeichert werden sollen.

So, alle wichtigen Einrichtungen sind vorgenommen worden, ab jetzt sollte Ubuntu stabil laufen.

Kapitel 4

Was finde ich wo? Die grafische Oberfläche Gnome

4.1 Gnome, Ihr Arbeitsplatz

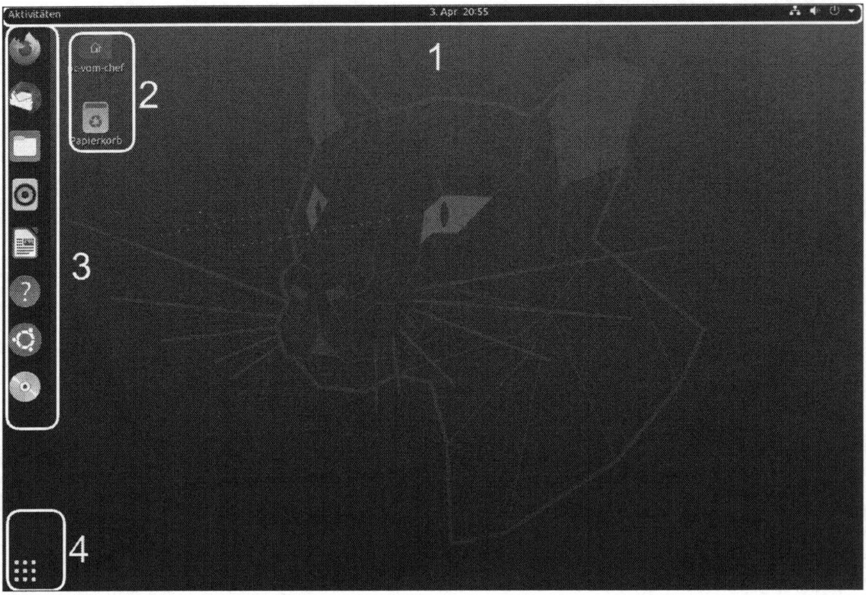

Abb. 4.1: Der Desktop

Der Gnome-Desktop besteht im Wesentlichen aus folgenden Elementen:

1. das obere Panel
2. die Arbeitsfläche
3. die Favoritenleiste *Dock*
4. Zugang zu den installierten Programmen

Das obere Panel

Das obere Panel besteht aus mehreren Komponenten:

Ganz links finden Sie den Eintrag Aktivitäten. Ein Klick hierauf ermöglicht Ihnen einen Überblick über alle geöffneten Programme auf allen Arbeitsoberflächen. Sie können sich diese Ansicht auch durch die Windows-Taste, hier allerdings *Supertaste* genannt, anzeigen lassen.

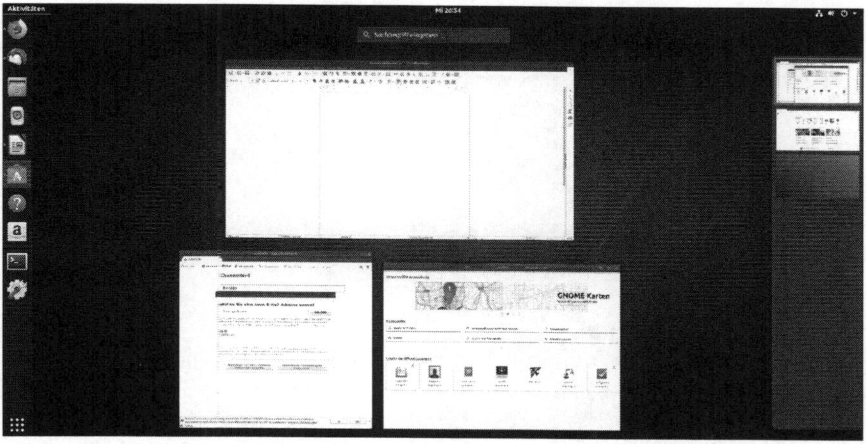

Abb. 4.2: Die Schaltfläche AKTIVITÄTEN ermöglicht einen Überblick über alle Arbeitsflächen und alle aktiven Programme.

Rechts daneben finden Sie den Eintrag des gerade aktiven Programms, ein Klick auf den Eintrag öffnet ein Mini-Menü, das es zum Beispiel ermöglicht, das Programm zu schließen oder Einstellungen vorzunehmen. Die in diesem Menü enthaltenen Einträge sind von der jeweiligen Anwendung abhängig.

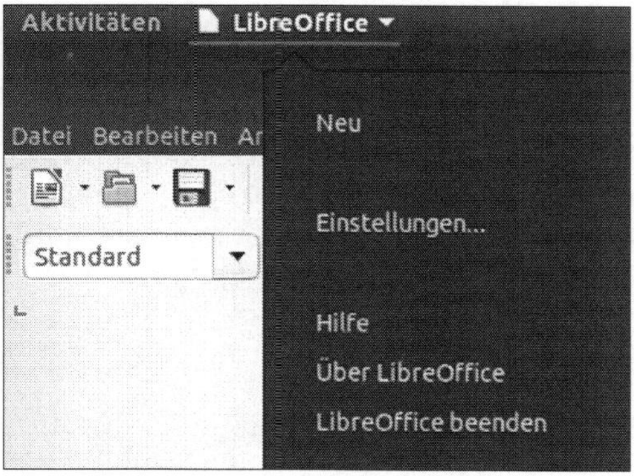

Abb. 4.3: Nur das jeweils aktive Programm legt ein Mini-Menü an.

In der Mitte des Panels finden Sie das Datum und die Uhrzeit. Klicken Sie darauf, wird nicht nur ein Kalender angezeigt, sondern auch Termine, die Sie in einem Online-Kalender hinterlegt haben.

Der äußerste rechte Menüknopf bietet weitergehende Einstellungen an.

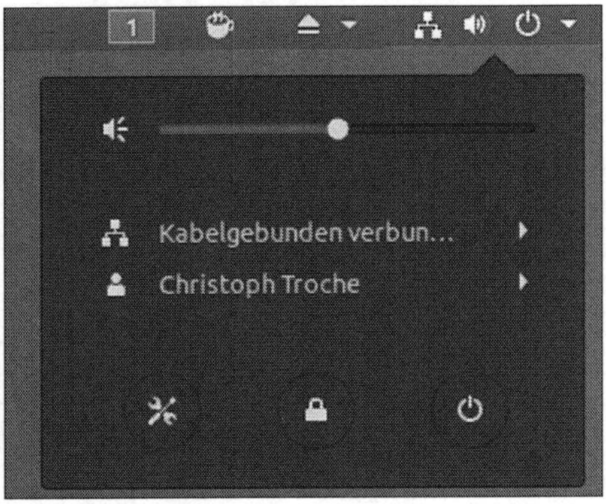

Abb. 4.4: Das Menü am rechten oberen Rand

So finden Sie hier einen Zugang zu den Systemeinstellungen. Sollten Sie Ihren Computer in der Öffentlichkeit benutzen und ihn einmal kurzfristig verlassen müssen, können Sie den Bildschirm sperren. Außerdem können Sie hier den Nutzer ändern, ohne den PC erst runter- und dann wieder raufzufahren.

Schließlich können Sie sich noch von Ihrem Rechner abmelden, den Computer in den Standby-Modus versetzen oder ihn vollständig herunterfahren.

Die Favoritenleiste »Dock«

Auf der linken Seite des Bildschirms finden Sie eine Symbolleiste mit den Programmen, die Sie am häufigsten benutzen. Hier können Sie die Symbole für häufig verwendete Programme ablegen. Alle Programme, die aktuell geöffnet sind, legen hier zusätzlich ein Symbol ab. Dies ermöglicht Ihnen, schnell zwischen mehreren Anwendungen hin und her zu schalten.

Abb. 4.5: Die Statusanzeige: Sie erkennen, welche Programme gerade laufen.

Bei diesem Beispiel sehen Sie links des Writer-Symbols drei kleine rote Punkte. Daran erkennen Sie, dass dieses Programm gerade auf dem Rechner läuft, und zwar in drei Instanzen, was bedeutet, dass parallel drei Dokumente in drei Fenstern parallel gestartet sind. So können Sie bei der Arbeit mit mehreren Programmen leichter die Übersicht behalten.

Klicken Sie mit der rechten Maustaste auf einen Eintrag im Dock, klappt ein Kontextmenü auf. Dies ermöglicht, eine Programmfunktion zu starten, ohne vorher das Programm selbst aufrufen zu müssen.

Abb. 4.6: Das Kontextmenü eines Brennprogramms

Ein Klick auf die Punkte am unteren Ende der Favoritenleiste lässt Sie zur Anwendungsübersicht gelangen. Hier sehen Sie alle auf dem Rechner installierten Programme. Wenn Sie ein Programm häufig nutzen, können Sie es zur Favoritenleiste hinzufügen, indem Sie mit der rechten Maustaste darauf klicken und dann im Kontextmenü den Punkt Zu den Favoriten hinzufügen auswählen.

Falls Sie einmal mit mehreren Instanzen ein und desselben Programms arbeiten, was bei umfangreichen Textdokumenten ja häufiger vorkommt, oder wenn Sie mehrere Fenster des Internetbrowsers geöffnet haben, können Sie zwischen den einzelnen Instanzen sehr leicht hin und her wechseln. Klicken Sie einmal auf das jeweilige Symbol im Starter, und alle geöffneten Fenster werden auf dem Bildschirm dargestellt.

Abb. 4.7: Alle geöffneten Fenster, hier die von LibreOffice Writer, mit einem Klick auf das Symbol sichtbar gemacht

Arbeitsflächen

Die Arbeitsfläche beim Gnome-Desktop hat eine andere Aufgabe als bei Windows. Sie können hier keine Symbole zum Starten von Programmen ablegen, gerade einmal Verweise auf einzelne Dateien oder Ordner sind erlaubt. Die Arbeitsfläche soll tatsächlich nichts anderes sein als die Unterlage für Ihre aktiven Programme.

Wenn Sie zur selben Zeit an verschiedenen Themen arbeiten, also beispielsweise im Internet Informationen einholen, eine Textverarbeitung mit mehreren Instanzen geöffnet haben und vielleicht noch einen Film bearbeiten, den Sie dann in eine Präsentation einfügen wollen, können Sie all dies natürlich auf einer Arbeitsoberfläche fertigbringen. Allerdings sieht es dann auf dem Desktop bald so aus wie auf dem echten Schreibtisch: Die Arbeit türmt sich und der Überblick ist bald verloren.

Ubuntu bietet Ihnen eine geniale Lösung an: Sie können Ihre Arbeit auf verschiedene virtuelle Schreibtische verteilen.

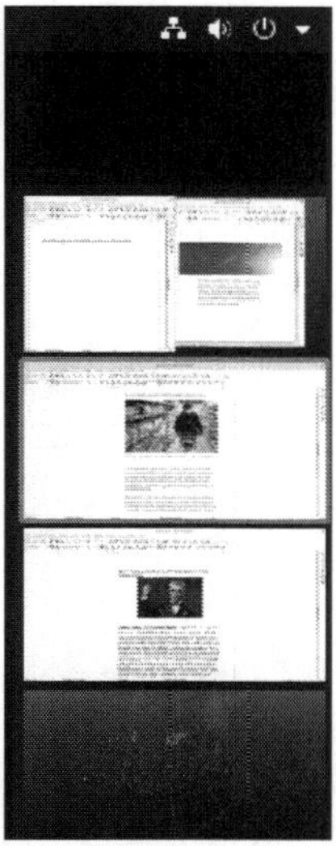

Abb. 4.8: Arbeitsflächen

Klicken Sie dazu auf AKTIVITÄTEN und fahren Sie mit der Maus an den rechten Bildrand. Hier sehen Sie die Vorschau Ihrer Arbeitsflächen. Wenn Sie ein Programm gestartet haben, beispielsweise den Internetbrowser aus dem obigen Beispiel, entsteht automatisch eine neue Arbeitsfläche am unteren Ende. Klicken Sie auf die Vorschau, erscheint ein frischer leerer Arbeitsplatz. Hier können Sie nun Ihre Textverarbeitung mit mehreren Fenstern starten. Dann auf einem neuen Desktop die Videobearbeitung und so weiter.

Auf welcher Arbeitsfläche sich welche Programme befinden, erkennen Sie, einen genügend großen Bildschirm vorausgesetzt, in der Vorschau. Um zwischen den Programmen hin und her zu wechseln, müssen Sie nicht auf die Arbeitsfläche wechseln. Klicken Sie dazu einfach auf das Symbol der Anwendung im Dock. Sie werden dann gleich auf die richtige Arbeitsfläche gelenkt.

Tipp

Arbeitsflächen sind per se nicht statisch: Wenn Sie alle laufenden Programme auf einer Arbeitsoberfläche schließen, verschwindet diese nach einer kurzen Verzögerung wieder. Wenn Sie auf AKTIVITÄTEN klicken, entsteht eine zusätzliche. Sie können parallel so viele Arbeitsoberflächen öffnen, wie Sie möchten und der Arbeitsspeicher Ihres PC bewältigt.

Shortcuts

Sie können eine ganze Reihe von Desktop-Funktionen auch mit der Tastatur steuern. Das geht oft schneller, als erst die entsprechende Funktion aufzurufen oder gar erst zu suchen. Dazu werden Tastenkombinationen benutzt.

Allgemeines	
Windows	Übersicht aller Fenster anzeigen
Windows + M	Kalenderbereich anzeigen (Messages)
Strg + Alt + ⇆	Zwischen Desktopelementen wechseln
Windows + V	Benachrichtigungen anzeigen
Windows + F10	Anwendungsmenü öffnen (neben dem Eintrag Aktivitäten)
Windows + A	Anwendungsübersicht starten
Windows + ⇧ + 1, 2,..., 0	Weitere Instanz eines laufenden Programmes starten
Strg + Alt + T	Terminal starten
Windows + H	Fenster verbergen (Minimieren)
Windows + Strg + D	Desktop anzeigen, alle Fenster minimieren
Alt + ⇆	Zwischen Fenstern wechseln
Alt + F6	Nur zwischen Fenstern des gleichen Programms wechseln
Alt + F4	Fenster schließen
Windows + ↑	Fenster maximieren
Windows + ↓	Fenster wiederherstellen
Windows + →	Fenster in rechter Bildschirmhälfte maximieren
Windows + ←	Fenster in linker Bildschirmhälfte maximieren
F11	Das aktuelle Fenster im Vollbild
Druck	Bildschirmfoto des gesamten Bildschirms
Alt + Druck	Bildschirmfoto des aktuellen Fensters

Mit Arbeitsflächen arbeiten	
Windows+Bild ↑	Zur vorigen Arbeitsfläche wechseln
Windows+Pos1	Zur ersten Arbeitsfläche wechseln
Windows+Bild ↓	Zur nächsten Arbeitsfläche wechseln
Windows+Ende	Zur letzten Arbeitsfläche wechseln
System verlassen	
Windows+L	Bildschirm sperren
Strg+Alt+Entf	Abmeldefenster anzeigen

Zwei Programme parallel auf einer Arbeitsfläche

Versuchen Sie einmal Folgendes: Starten Sie ein beliebiges Programm, z.B. *LibreOffice Writer*, die Textverarbeitung. »Greifen« Sie nun mit der Maus das Fenster ganz oben (da wo *LibreOffice* steht) und versuchen Sie, das Fenster links aus dem Bild zu schieben. Es wird kurz farbig aufleuchten und dann auf die Hälfte des Bildschirms maximiert. Diese Funktion ermöglicht es, auf einfache Weise zwei Fenster nebeneinander im halben Vollbildmodus darzustellen – praktisch, wenn Sie Daten von einem zum anderen Fenster kopieren wollen.

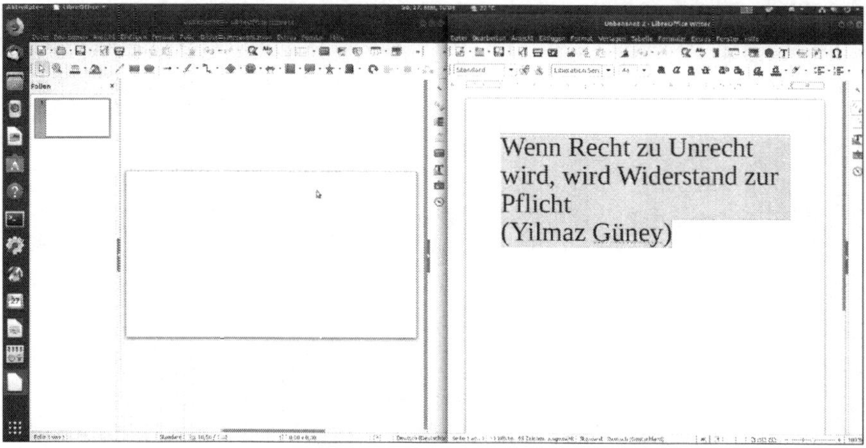

Abb. 4.9: Zwei Fenster nebeneinander

Wie Sie im Beispiel in Abbildung 4.9 sehen, wurde hier eine Instanz von Writer und eine von Impress gestartet: Mit Writer wurde ein Text verfasst, der dann einfach auf eine Folie in Impress hinübergezogen werden kann.

Um ein Programm wieder im Vollbild darzustellen, ziehen Sie das Programm nicht seitlich, sondern oben aus dem Bild.

4.2 Gnome an die eigenen Bedürfnisse anpassen

Hintergrund

Das Erste, was die meisten Nutzer wohl ändern wollen, ist der depressiv-orangeviolette Hintergrund. Klicken Sie dazu mit der rechten Maustaste auf die Arbeitsfläche und wählen Sie aus dem Kontextmenü die Option Hintergrund ändern. Der Rest erklärt sich von selbst. Sie können vorgeschlagene HD-Bilder als Hintergrund nutzen, eigene Bilder oder monochrome Farben.

Dock einstellen

Sie können die Größe und die Position des Docks ebenfalls selbst festlegen. Standardmäßig ist dieses am linken Bildrand positioniert und immer im Blick. Wenn Sie eine andere Position oder eine andere Größe wünschen, starten Sie die Einstellungen und wählen Sie den Reiter Dock.

Falls Sie nur einen kleinen Bildschirm haben, können Sie die Leiste auch ausblenden lassen, wenn Sie nicht gebraucht wird. Dies ist immer dann der Fall, wenn ein aktives Fenster den Platz für sich beansprucht. Fahren Sie mit der Maus über die Leiste, erscheint diese wieder.

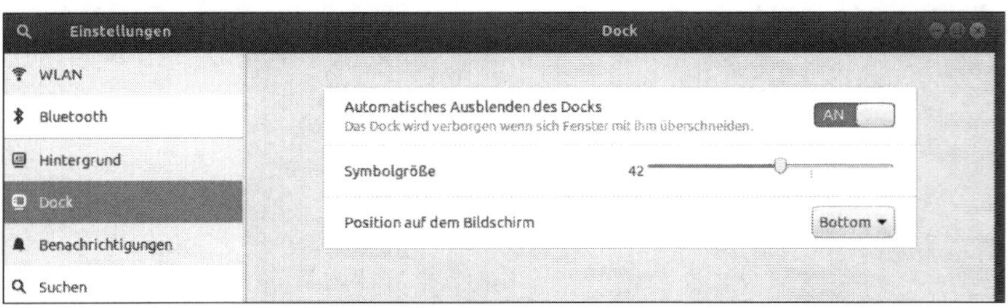

Abb. 4.10: In den Einstellungen wird die Favoritenleiste zum Dock.

Gnome-Tweaks

Die meisten Nutzer werden sich wohl mit den gebotenen Einstellungen gut zurechtfinden. Wenn Sie ein bisschen tiefer einsteigen wollen, sollten Sie sich die *Gnome-Tweaks* installieren. Das bewerkstelligen Sie, indem Sie Ubuntu-Software starten und das Programm *Optimierungen* herunterladen. Oder Sie starten das Terminal und geben hier die Befehle

```
sudo apt-get install gnome-tweak-tool
```

```
sudo apt-get install gnome-shell-extensions
```

```
sudo apt-get install chrome-gnome-shell
```

ein. Legitimieren Sie sich mit Ihrem Passwort. Sie müssen danach Ubuntu einmal neu starten, aber dann erscheint in der App-Übersicht ein neues Icon mit der Bezeichnung OPTIMIERUNG.

Nun können Sie sich bei der Gestaltung von Gnome austoben: Sie können z.B.

- eine feste Anzahl von Arbeitsflächen anlegen und diesen auch einzelne Namen geben,
- entscheiden, ob und welche Symbole Sie auf der Arbeitsoberfläche erscheinen lassen wollen,
- die Schriften in den Fenstern verändern (sinnvoll bei kleinen Bildschirmen) und
- entscheiden, wo die Fensterbuttons liegen sollen (rechts oben ist ja nicht in Stein gemeißelt),
- und vieles mehr.

Probieren Sie es aus.

Themen

Ohne die Optimierungen können Sie nur sehr eingeschränkte Einstellungen zum Desktop vornehmen. Alleine eine helle, mittlere und dunkle Darstellung von Fenstern und Menüs ist möglich. Mithilfe der Optimierungen können Sie dagegen zusätzliche Farb- und Schriftdesigns für die Arbeitsoberfläche bestimmen. Dies ist sinnvoll, wenn Ihnen die Zusammenstellung der Farben nicht gefällt, die Lichtverhältnisse Ihren Bildschirm schlecht lesbar machen oder wenn Sie aufgrund von Sehbehinderungen auf hohen Kontrast angewiesen sind.

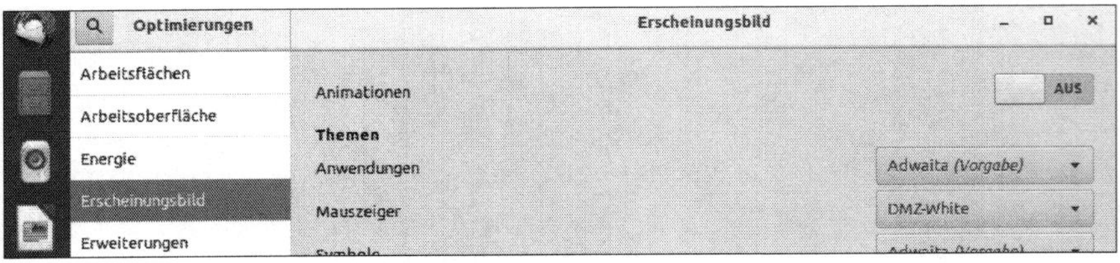

Abb. 4.11: Ein wenig eleganter: das Thema Adwaita

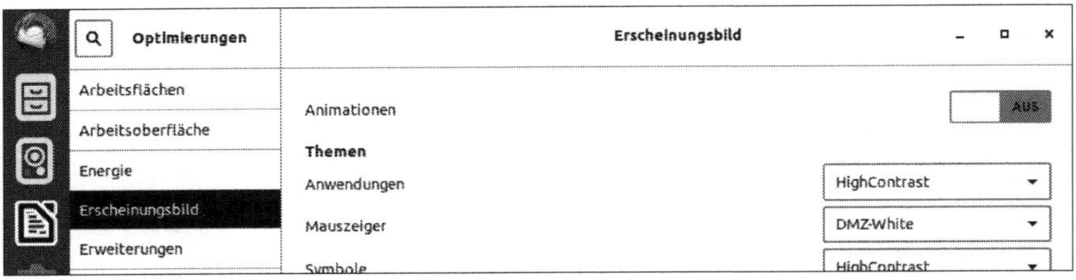

Abb. 4.12: Bei Sehbehinderung oder sehr hellem Tageslicht: das Thema HighContrast

Erweiterungen

Eine weitere schöne Möglichkeit, die Arbeitsoberfläche aufzuhübschen, sind die Erweiterungen. Hierbei handelt es sich, vereinfacht ausgedrückt, um zusätzliche Funktionen, die in den Desktop implementiert werden. Ob direkter Zugriff auf den Sperrbildschirm, das Minimieren aller Fenster mit einem Mausklick oder eine komfortable Verwaltung der Arbeitsflächen mit Namen – sicher werden Sie hier fündig.

Hinweis

Um die Erweiterungen zu nutzen, müssen die Gnome-Tweaks installiert sein.

Eine Reihe von Erweiterungen finden Sie bereits bei der Installation von Gnome-Tweaks vor. Diese Erweiterungen werden zwar mithilfe dieses Programms verwaltet; um neue Erweiterungen zu installieren, müssen Sie aber auf die Projektseite von Gnome gehen: *https://extensions.Gnome.org*.

Wenn Sie den Firefox als Browser benutzen, werden Sie noch aufgefordert, ein Add-on zu installieren, dann bekommen Sie eine Übersicht der installierten Erweiterungen und eine riesige Auswahl zusätzlicher Optionen.

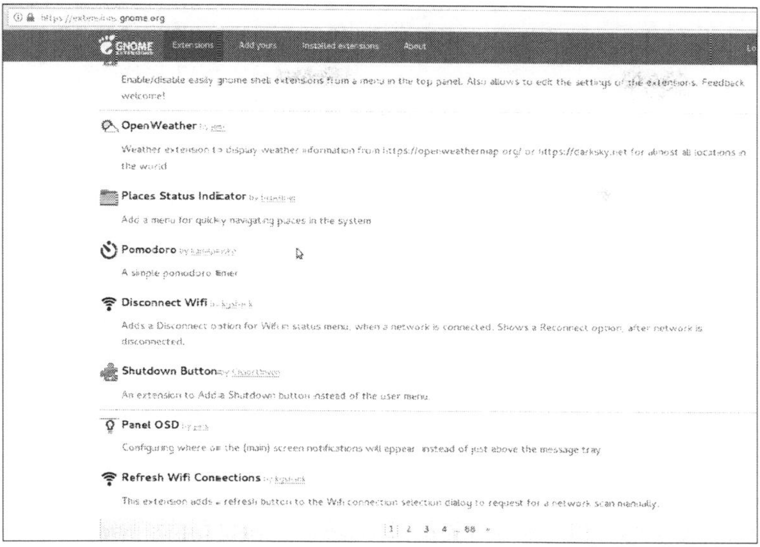

Abb. 4.13: Gnome-Erweiterungen

Die Installation ist denkbar einfach: Schauen Sie sich auf der Webseite um, und wenn Sie eine Erweiterung installieren möchten, klicken Sie auf das On/Off-Symbol. Sollten Einstellungen für die einzelnen Erweiterungen notwendig sein, nehmen Sie diese offline unter OPTIMIERUNG/ERWEITERUNGEN vor.

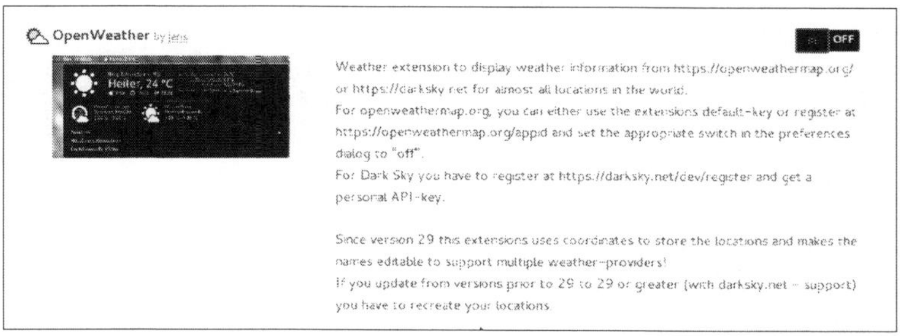

Abb. 4.14: OpenWeather-Erweiterung

Ich habe mir beispielsweise eine Wetteranzeige installiert. Sie können ebenfalls so wichtige Dinge erledigen, wie den Aktivitäten-Eintrag im Panel durch das Ubuntu-Symbol ersetzen, den Bildschirmschoner abschalten und vieles, vieles mehr. Ob Systemauslastung angezeigt werden soll, die öffentliche IP-Adresse, noch eine Uhr, probieren Sie es einfach aus.

Hinweis

Nicht alle Erweiterungen funktionieren auf Anhieb. Das kann an den Programmierkünsten des Entwicklers liegen, aber auch an der Tatsache, dass eventuell die Gnome-Version nicht stimmt und die Erweiterung noch nicht angepasst wurde.

Tastatureinstellungen

Die Gnome-Tweaks ermöglichen eine Menge zusätzlicher Tastatureinstellungen, die über die serienmäßigen Optionen weit hinausgehen. Sie können praktisch jede Funktionstaste mit einer eigenen Aufgabe belegen. Kurz vor dem Abgabetermin dieses Buches entdeckte ich noch eine Funktion, die ich Ihnen nicht vorenthalten möchte: dIE mÖGLICHKEIT; DIE fESTSTELLTASTE ABZUSCHALTEN1

Dieses unsinnige Relikt aus der Zeit, als man mit Schreibmaschinen Absätze in Großbuchstaben schrieb, kann einen Menschen wie mir, der nicht mit zehn Fingern schreibt, unglaublich viel Nerven und Zeit kosten. Und schon auch einmal bei der Passworteingabe verzweifeln lassen, weil man anstatt der Hochstell- die Feststelltaste erwischt hat.

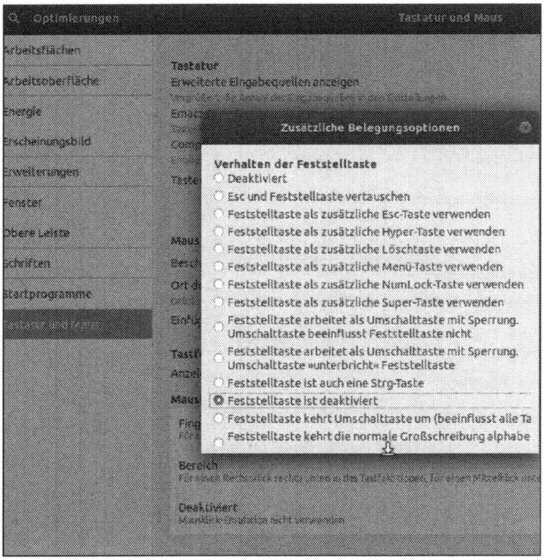

Abb. 4.15: Belegen Sie die Funktionstasten mit eigenen Funktionen oder schalten Sie sie ab.

Kapitel 5

Windows-Programme mit Linux nutzen

Manchmal geht es halt nicht anders, man braucht ein Windows-Programm. Ich habe bis heute keine Möglichkeit gefunden, mein Programm für die Steuererklärung unter Linux zu starten, mein Verleger möchte dieses Buch als Word-Dokument haben, kurzum, gelegentlich bin ich also auf eine Windows-Umgebung angewiesen. Es ist also vielleicht nicht ganz klug, sich vollständig von Windows zu trennen, wenn kein adäquater Linux-Ersatz zur Verfügung steht.

Nun gibt es natürlich Möglichkeiten, auch als Ubuntu-Nutzer auf unverzichtbare Windows-Programme zuzugreifen.

Wenn Sie, wovon ich ausgehe, Linux zunächst parallel zu Windows installiert haben, haben Sie sich selbst bereits eine mögliche Lösung geschaffen, denn Sie haben ja nach wie vor Zugriff auf Ihre Windows-Programme. Sie arbeiten im Normalfall unter Linux, und für den Fall, dass Sie auf ein nur unter Windows lauffähiges Programm zugreifen müssen, fahren Sie den Computer herunter, starten neu und wählen im Boot-Menü die Windows-Partition aus. Beide Seiten sind gleichwertig und voll funktional.

Allerdings hat diese Vorgehensweise auch einen Nachteil: Sie ist umständlich, da Sie den Computer gegebenenfalls immer wieder herunterfahren und neu starten müssten. Außerdem ist es zurzeit noch nicht ohne Weiteres möglich, von der Windows-Seite auf die Linux-Seite zuzugreifen, etwa, weil Sie mit Ihrem Windows-Programm Daten verarbeiten wollen, die Sie vorher unter Linux erstellt haben. Eventuell wird es möglich, ab Herbst 2020 mittels des Explorers auf die Linux-Seite zuzugreifen, sofern Sie Windows 10 nutzen und Windows Build 19603 installiert wird.

Tipp

Umgekehrt ist das Verfahren einfacher. Sie können ganz leicht vom gestarteten Linux auf die Dateien zugreifen, die Sie mit einem Windows-Programm erstellt haben. Ihre Windows-Partition erscheint als ein eigenes Laufwerk in Ihrer Dateiverwaltung.

Es gibt zwei Möglichkeiten, den Zugriff auf Windows-Programme einfacher zu gestalten. Die erste davon heißt: *Wine*.

5.1 Wine (Wine Is Not an Emulator)

Wine ist ein Programm, mit dem man Windows-Software unter Linux laufen lassen kann. Sie benötigen dazu nicht einmal ein installiertes Windows auf Ihrem Computer, da Wine dem Programm lediglich vorgaukelt, es befände sich in einer Windows-Umgebung.

Installieren Sie Wine entweder aus Ubuntu-Software oder im Terminal mit dem Befehl

```
sudo apt-get install wine-stable
```

Hinweis

Wie gut Wine für die eigenen Zwecke funktionieren wird, kann man vor dem Testen durch Stöbern in der *WineHQ-Datenbank* unter der Webadresse *https://appdb.winehq.org/* herausfinden. Ich empfehle Ihnen, diese Seite vorher zu besuchen, Sie ersparen sich eventuell viel Mühe.

Nach dem Starten des Programms erscheint das Konfigurationsfenster:

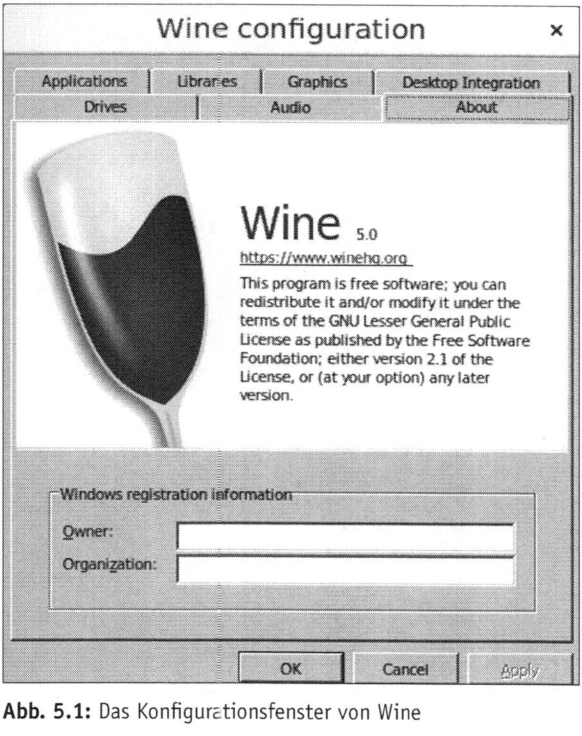

Abb. 5.1: Das Konfigurationsfenster von Wine

Hinweis

Falls dieses Bild nicht erscheint, starten Sie das Terminal und geben das Kommando `winecfg` ein.

Sie müssen hier nicht zwingend etwas einstellen. Achten Sie jedoch darauf, dass das Laufwerk `C:` wie hier dargestellt `C../drive_c` heißt.

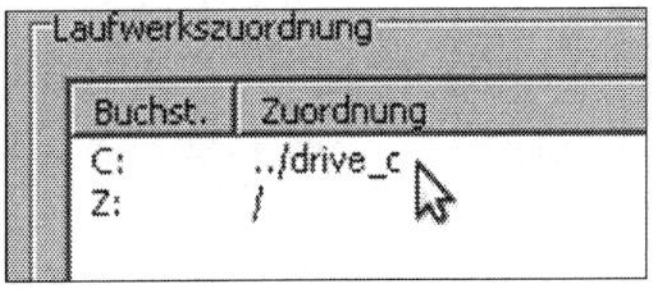

Abb. 5.2: So muss die Laufwerkszuordnung aussehen.

Falls Sie auf das CD-ROM-Laufwerk zugreifen wollen, um ein Programm von einer Installations-CD zu installieren, müssen Sie es einrichten. Klicken Sie dazu auf den Reiter LAUFWERKE. Anschließend erscheint ein Dialog wie in Abbildung 5.3.

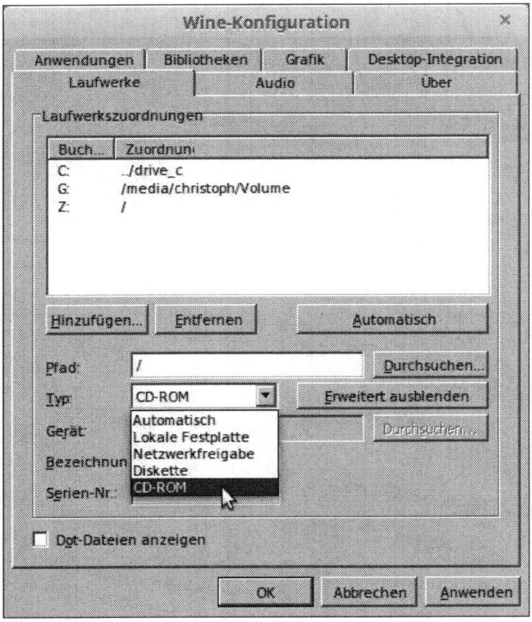

Abb. 5.3: Einrichtung eines CD-ROM-Laufwerks

Hier klicken Sie auf HINZUFÜGEN, dann wird in der Liste der Laufwerke automatisch ein neues Laufwerk D: eingerichtet. Anschließend folgt ein Klick auf ZEIGE ERWEITERT. Hier muss noch ausgewählt werden, dass es sich um ein CD-ROM-Laufwerk handeln soll. Der Rest sollte so beibehalten werden. Sie müssen diese Einstellung vornehmen, wenn beispielsweise MS Office von einer CD aus installiert werden soll.

Sie haben nun zwei Möglichkeiten, die Installation des Programms anzustoßen: Suchen Sie im Datei-Manager die CD und hier die Datei mit Namen setup.exe und stoßen Sie die Installation mit ÖFFNEN MIT|WINE WINDOWS-PROGRAMMSTARTER an.

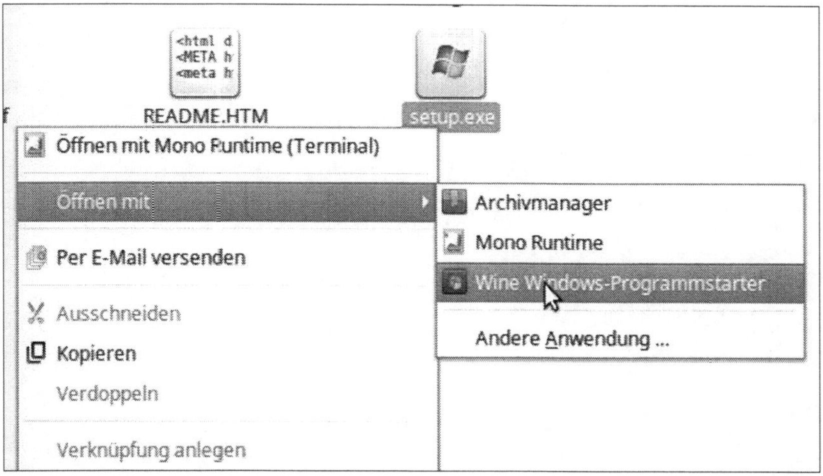

Abb. 5.4: Starten der Installation mit Wine ...

Am Ende der Installation finden Sie ein Programmsymbol, entweder als Verknüpfung auf der Arbeitsfläche oder im Startmenüeintrag WINE, sodass das Programm sofort gestartet werden kann.

Die zweite Möglichkeit finden Sie in dem Programm-Modul DEINSTALLIERE WINE APPLIKATIONEN. Interessanterweise dient dieses Programm trotz seines Namens nicht nur zur Deinstallation, sondern auch zur Installation von Windows-Programmen.

Wine ist eine sehr komfortable Anwendung, allerdings hapert es häufig bei der Nutzung und Programme wollen nicht starten oder funktionieren nicht im vollen Umfang. Zu allem Überfluss harmoniert auch längst nicht jede Wine-Version mit der zu installierenden Anwendung. Interessanterweise ist dabei nicht immer die neueste Wine-Version die beste, sondern die, mit der es funktioniert. Das bringt uns zu: *PlayOnLinux* und *Winetricks*.

5.2 PlayOnLinux und Winetricks

PlayOnLinux und *Winetricks* funktionieren auf ähnliche Weise, nämlich indem sie ausgewählten Windows-Programmen die jeweils beste Wine-Version zuweisen. Die manchmal verzwickten Installationsroutinen sind in Scripts vorkonfiguriert, sodass die richtige Wine-Version, aber auch zusätzlich benötigte Programme und Bibliotheken geladen und installiert werden. Wine selbst brauchen Sie dabei gar nicht zu installieren.

Ein Klick auf INSTALLIERE EIN PROGRAMM öffnet eine Übersicht über alle vorhandenen Installations-Scripts. Als Beispiel installieren Sie *Office 2010* einmal mit PlayOnLinux.

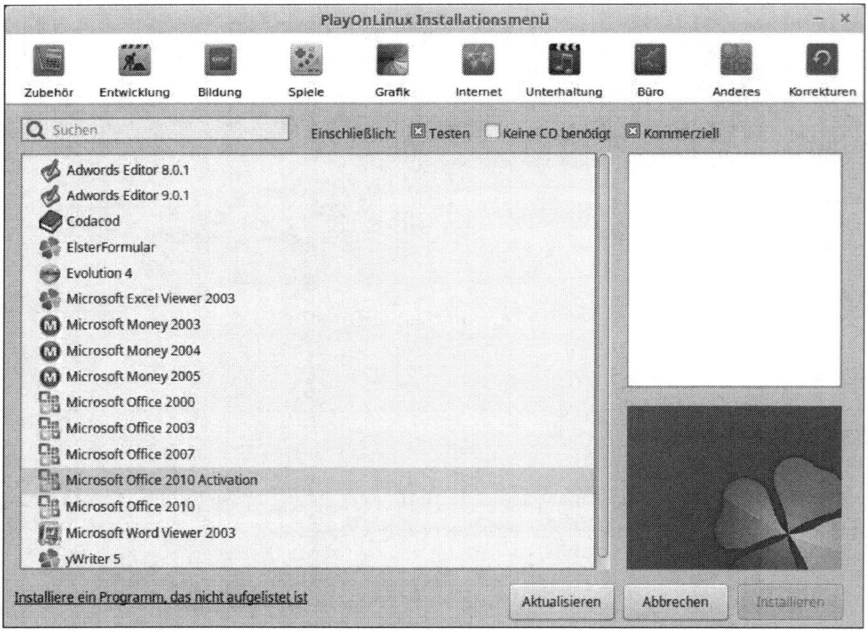

Abb. 5.5: Übersicht über alle Installations-Routinen

Öffnen Sie das Programm und wählen Sie den Eintrag MICROSOFT OFFICE 2010 und bestätigen Sie die Wahl mit dem Klick auf INSTALLIEREN. Die Installations-CD sollte jetzt bereits eingelegt sein und eine Internetverbindung bestehen. Während der Installation lädt PlayOnLinux die richtige Wine-Version und gegebenenfalls alle nötigen Zusatzprogramme, so z.B. das benötigte Service-Pack 3.

Hinweis

Falls Sie sich fragen, ob dies denn legal sei, immerhin laden Sie ja Programmteile von Microsoft herunter: Ja, das ist legal. Allerdings auch hier gilt: Es sind proprietäre Dateien, alle Sicherheitsrisiken, die mit diesen Dateien verbunden sind, laden Sie ebenfalls herunter.

Am Ende des Vorgangs finden Sie drei Icons auf dem Desktop, die Microsoft *Word, Excel* und *PowerPoint* starten.

Winetricks funktioniert analog dazu, einige Programme lassen sich unter PlayOnLinux besser starten, andere unter Winetricks. Da hilft leider nur Ausprobieren.

5.3 Die Königsdisziplin: Die virtuelle Maschine

Sollte das Windows-Programm, das Sie gerne nutzen würden, mit Wine trotz aller Anstrengung nicht funktionieren, bietet sich immer noch eine sogenannte *virtuelle Maschine (VM)* an. Während Wine einem Programm innerhalb der Linux-Umgebung vorgaukelt, es befände sich in einer Windows-Umgebung, installieren Sie bei einer virtuellen Maschine tatsächlich eine neue Umgebung, eingebettet in Linux. Dies kann Windows, aber auch ein anderes Betriebssystem sein, wie eine andere Linux-Distribution, Android, DOS oder Solaris. Im Unterschied zu Wine wird dieses sogenannte Gastsystem auf einem virtuellen Computer vollständig installiert. Gestartet wird es ebenfalls innerhalb der VM, was bedeutet, dass der Wechsel zwischen einem Programm, das unter Linux läuft, und einem Programm eines anderen Betriebssystems nichts anderes ist als der Wechsel zwischen zwei Fenstern.

Voraussetzung für eine befriedigende Performance ist allerdings ein leistungsstärkerer PC, da vor allem der Arbeitsspeicher zwischen dem Host, also dem Gastgeber (in unserem Falle Ubuntu) und dem Gastsystem (z.B. Windows) geteilt werden muss. Es müssen schon mindestens 4 GB RAM zur Verfügung stehen, damit flüssiges Arbeiten in der virtuellen Umgebung überhaupt möglich ist.

Darüber hinaus benötigen Sie natürlich eine Installations-CD oder -DVD des Gastsystems, da Sie das Gastbetriebssystem komplett installieren müssen. Die meistgenutzte virtuelle Maschine für Ubuntu ist die *Oracle VirtualBox*.

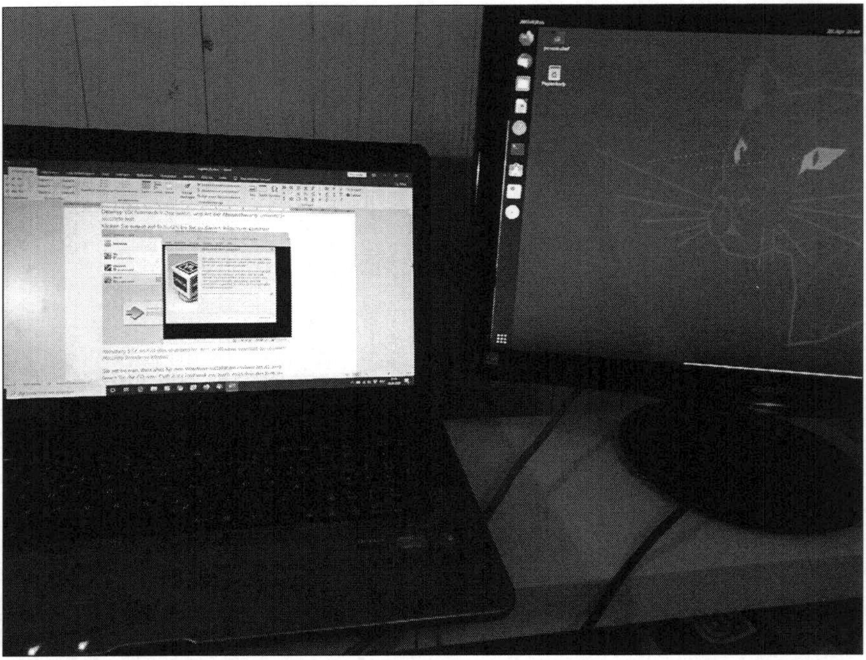

Abb. 5.6: Mein Arbeitsplatz: Im rechten Monitor läuft das Host-System Ubuntu, auf dem linken Laptopmonitor das Gastsystem Windows 10.

VirtualBox installieren

Sie können das Programm über Ubuntu-Software herunterladen. Zwar sind die Versionen auf den Canonical-Servern oft nicht auf dem allerneuesten Stand, allerdings sind die Unterschiede eher kosmetischer Natur und es ist so sehr viel unkomplizierter, da mehrere Elemente installiert werden, die alle dieselbe Versionsnummer haben müssen.

Wenn Sie allerdings die neueste Version von der Webseite installieren wollen, suchen Sie die Internetseite *https://www.virtualbox.org/wiki/Downloads* auf, klicken hier den Eintrag FOR LINUX HOSTS an und wählen UBUNTU 20.04 aus. Um die weitere Installation der VirtualBox kümmert sich das Paketinstallationsprogramm.

Extension-Packs installieren

Als Zweites sollten Sie das Extension-Pack installieren: Dies ermöglicht Ihrem Gastsystem, unter anderem auf die USB-Schnittstellen zuzugreifen. Falls Sie nicht die

Installation über Ubuntu-Software genutzt haben, klicken Sie auf der Internetseite der VirtualBox neben dem Eintrag VIRTUALBOX EXTENSION PACK auf den Link ALL SUPPORTED PLATFORMS. Die Frage, was mit dieser Datei zu tun ist, beantworten Sie mit ÖFFNEN MIT ORACLE VIRTUALBOX. Das Programm VirtualBox startet und integriert dieses Paket automatisch. Sie brauchen sich auch in Zukunft um dieses Modul nicht mehr zu kümmern, das Programm pflegt die Erweiterung nun selbstständig ein.

DKMS installieren

Als letzte vorbereitende Maßnahme sollten Sie das Modul *DKMS* (**D**ynamic **K**ernel **M**odul **S**upport) installieren. DKMS überwacht die Updates des Linux-Kernels und installiert dann die notwendigen Kernelmodule für die VirtualBox automatisch. Sie installieren dieses Modul einfach mit Ubuntu-Software oder mittels des Terminals mit dem Befehl

```
sudo apt-get install virtualbox-dkms
```

Wichtig!

VirtualBox legt bei der Installation eine neue Nutzergruppe an, die vboxusers. Sollte es Ihnen nicht möglich sein, das Programm zu nutzen, sind Sie wahrscheinlich nicht in dieser Nutzergruppe eingetragen. Starten Sie das Terminal und geben Sie den Befehl

```
sudo usermod -a -G vboxusers <Nutzername>
```

ein. Damit werden Sie zum Mitglied der gewünschten Gruppe und können von nun an auch die VirtualBox nutzen.

Nun wird es aber Zeit, ein Gastsystem zu installieren. Hierzu nehmen wir doch einfach Windows 10. Nach dem Klick auf den Button NEU werden Sie durch den sehr einfachen Installationsvorgang geleitet.

Geben Sie der virtuellen Maschine einen Namen und klicken Sie im Drop-down-Menü an, welches Betriebssystem Sie installieren wollen. Die VirtualBox bereitet dann alles dafür vor.

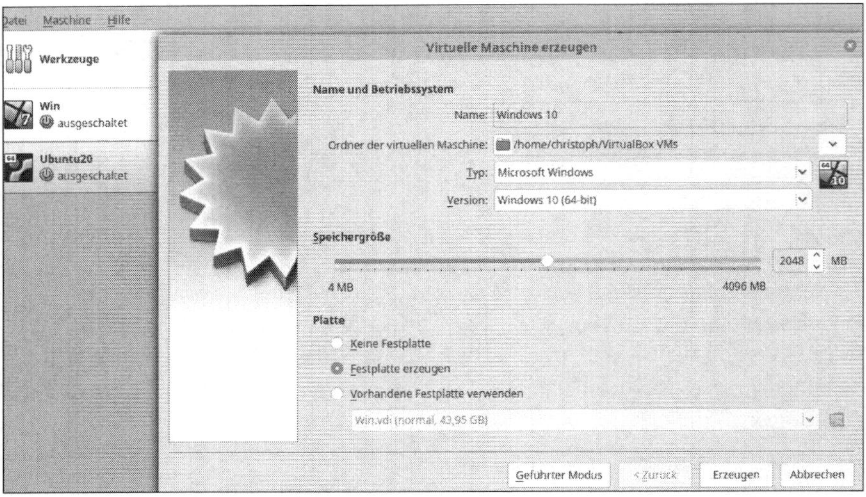

Abb. 5.7: Weisen Sie einen eindeutigen Namen und das gewünschte Betriebssystem zu.

Im nächsten Schritt weisen Sie Ihrem Gastbetriebssystem, in diesem Falle Windows 10 (64 Bit), Arbeitsspeicher zu. Rechts ist angezeigt, über wie viel Arbeitsspeicher Ihr System verfügt. Geben Sie höchstens die Hälfte des vorhandenen Speichers für das Gastsystem frei. Windows 10 benötigt in der 64-Bit-Version mindestens 1 GB RAM, ein flüssiges Arbeiten ist dann allerdings immer noch nur schwer möglich. Sollten Sie jedoch ein DOS-System installieren wollen, zum Beispiel, um alte PC-Spiele zu spielen, brauchen Sie dem Gastsystem nur einige wenige MB zuzuweisen.

Wenn Sie auf Erzeugen klicken, werden Sie zu Einstellungen bezüglich der Festplatte gefragt. Geben Sie den Dateipfad an, in dem Ihr Gastsystem gespeichert werden soll, und bestimmen Sie, wie viel Speicherplatz es bekommen soll. Legen Sie als Dateityp VDI (VirtualBox Disk Image) und als Art der Abspeicherung dynamisch alloziert fest.

Klicken Sie erneut auf Erzeugen, bis Sie zu dem Bildschirm in Abbildung 5.8 kommen.

Sie sehen nun, dass alles für eine Windows-Installation vorbereitet ist, also legen Sie die gewünschte Installations-CD oder -DVD in Ihr Laufwerk ein. Nach Anklicken des Buttons Starten im oberen Menü werden Sie narrensicher durch den Installationsvorgang für Windows geleitet.

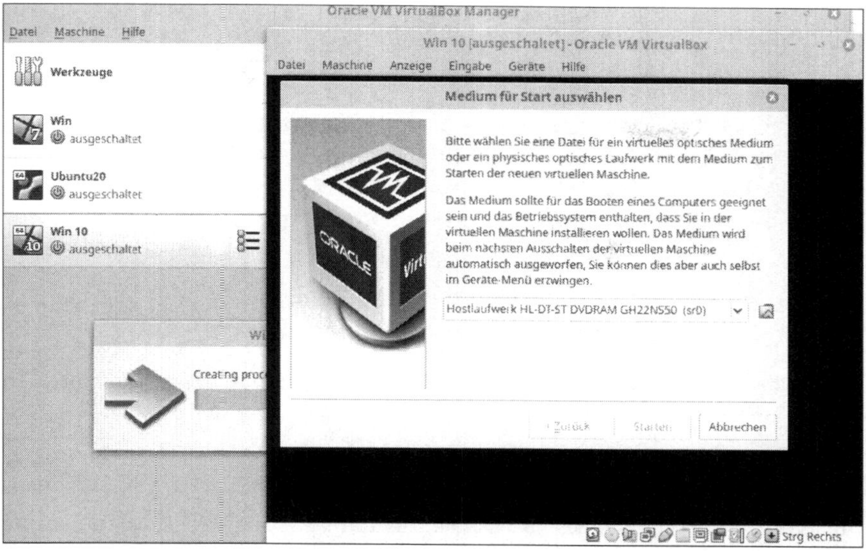

Abb. 5.8: Jetzt ist alles so vorbereitet, dass Sie Windows innerhalb der virtuellen Maschine installieren können.

Da es sich bei Windows allerdings nicht um freie Software handelt, benötigen Sie einen Registrierungsschlüssel. Diesen haben Sie beim Kauf des Computers oder des Betriebssystems erhalten, er klebt meistens mit einem Sicherheitsaufkleber am oder unter dem Computer oder auf der CD-ROM.

Installation der Gasterweiterungen innerhalb des Gastsystems

Sie werden feststellen, dass das Ganze noch sehr unfertig wirkt. Sie können nicht im Vollbildmodus arbeiten und ein nahtloser Austausch zwischen Windows und Linux ist auch noch nicht möglich. Jetzt ist es Zeit, die *Gasterweiterungen* zu installieren.

Denn erst diese ermöglichen den Aha-Effekt, die nahtlose Einbindung des Gastsystems (hier: Windows) in das Gastgebersystem (hier: Linux). Wenn Sie zwei Monitore an Ihrem PC angeschlossen haben, können Sie mit der Maus ganz einfach aus dem VM-Fenster von einem Monitor zu dem anderen wechseln, Drag & Drop zwischen den Fenstern und Systemen wird möglich und Sie können einen gemeinsamen Ordner benennen, auf den beide Systeme zum Datenaustausch gemeinsam zugreifen können. Die Datei, die all dies möglich macht, haben Sie bereits heruntergeladen, es handelt sich um die Datei `VboxGuestAdditions.iso` im Verzeichnis `usr/share/virtualbox`.

Im Menü der VirtualBox findet sich der Eintrag GERÄTE|GASTERWEITERUNGEN EINLEGEN. Klicken Sie auf den Menüeintrag und die `.iso`-Datei wird automatisch in ein virtuelles CD-Laufwerk eingelegt und die notwendigen Installationen vorgenommen.

Falls Sie die VirtualBox nicht über Ubuntu-Software installiert haben, rufen Sie die Seite *https://download.virtualbox.org/virtualbox/* auf und navigieren Sie zur installierten VirtualBox-Version. Laden Sie nun `VboxGuestAddition.iso` herunter und legen Sie die `.iso`-Datei mit einem Klick auf das CD-Symbol rechts unten im VB-Fenster ein.

Schließen Sie danach Windows und beenden Sie die VirtualBox. Nach einem Neustart sollte Windows im Vollbildmodus und ohne Einschränkungen starten.

Starten Sie nach der Installation der Gasterweiterung einmal die Einstellungen zu Ihrem virtuellen Betriebssystem. Klicken Sie dazu auf den Button ÄNDERN.

Hier klicken Sie auf den Eintrag GEMEINSAME ORDNER. Hier können Sie einen Ordner festlegen, auf den dann sowohl Windows als auch Linux Zugriff haben. So können Sie zum Beispiel die Kapitel eines Buches, die Sie unter Windows erstellt haben, auf die Linux-Seite kopieren, um sie dann zu Ihrem Verleger zu schicken.

Festplattengröße nachträglich verändern

Sie haben nun ein virtuelles Windows angelegt und Programme, für die es keine Linux-Alternative gibt, installiert. Und Sie waren vielleicht etwas zurückhaltend, als es darum ging, hier Festplattenplatz zuzuweisen. Nun ist die Festplatte Ihres virtuell installierten Windows (oder eines anderen Betriebssystems) voll. Sie können den zugewiesenen Festplattenplatz aber nachträglich vergrößern, die VirtualBox liefert dazu gleich ein Tool mit, das allerdings auf der Kommandozeile ausgeführt wird. Sie brauchen dazu den Pfad, in dem Ihre `.vdi`-Datei gespeichert sind. Das ist die Datei, die das komplette virtuelle Laufwerk beinhaltet. Notieren Sie sich diesen Pfad, beenden Sie die VirtualBox und starten Sie das Terminal.

Nun geben Sie folgenden Befehl ein:

```
sudo VBoxManage modifyhd [Pfad zur Datei]Datei.vdi --resize Zielgröße_
in_MB
```

Beispiel

Die Datei, die das Windows-Laufwerk enthält, befindet sich unter

`/home/christoph/win.vdi`

und ich möchte sie auf 30 GB vergrößern. Dann lautet der Befehl:

```
sudo VBoxManage modifyhd /home/christoph/win.vdi --resize 30000
```

Das war der erste Teil. Starten Sie nun die VirtualBox und das installierte Windows. Windows hat jetzt zwar mehr Festplattenplatz zur Verfügung, kann den neuen Speicher aber leider nicht selbstständig erkennen. Öffnen Sie daher in Windows die Datenträgerverwaltung über SYSTEMSTEUERUNG|SYSTEM UND SICHERHEIT|VERWALTUNG|FESTPLATTENPARTITIONEN ERSTELLEN UND FORMATIEREN.

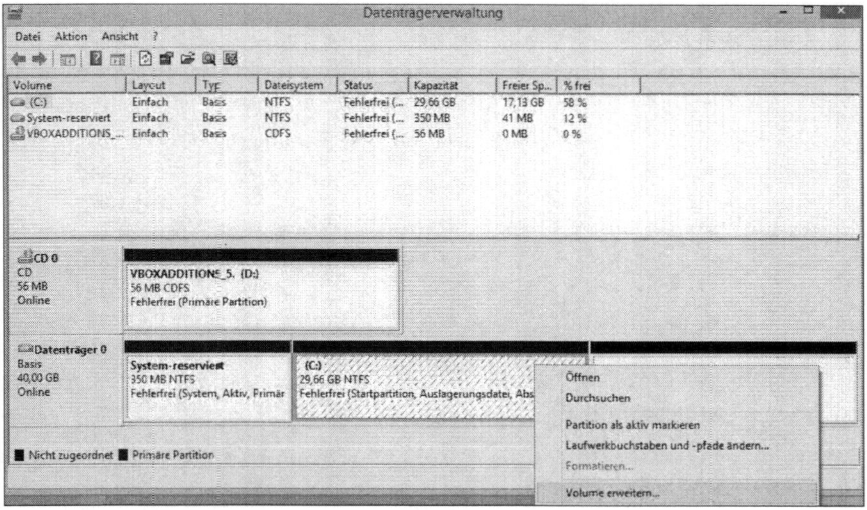

Abb. 5.9: Laufwerksverwaltung unter Windows

In der unteren Zeile ganz rechts sehen Sie den nicht zugeordneten Speicherplatz. Klicken Sie die Hauptpartition des virtuellen Systems (`C:`) mit der rechten Maustaste an und wählen Sie VOLUME ERWEITERN. Der gesamte nicht zugeordnete Speicherplatz wird jetzt einfach der Partition `C:` zugeordnet.

Die Windows-Partition von der Festplatte entfernen

Es ist nicht unbedingt sinnvoll, Windows sowohl in der VirtualBox als auch in einer zweiten Partition auf dem Rechner zu belassen. Wenn die Programme in der VirtualBox oder unter Wine zu Ihrer Zufriedenheit laufen, können Sie Windows auch löschen und die Festplatte vollständig für Linux freigeben. Dazu benötigen Sie ein Programm namens *GParted*. Die Benutzung von GParted ist relativ einfach, da das Programm komplett über ein Fenster bedient wird. In diesem Fenster sehen Sie die Aufteilung der aktuell gewählten Festplatte. Alle möglichen Optionen und Aktionen sind über die Menüleiste erreichbar. Nicht verfügbare Optionen bzw. Aktionen werden von GParted automatisch ausgegraut. Nach dem Start inspizieren Sie zunächst die Partitionen Ihrer Festplatte. Die erste dürfte Ihre Windows-Systempartition sein. Achten Sie aufs Dateisystem, dies heißt bei Windows NTFS.

Der Punkt BEARBEITEN enthält zwei Aktionen: Über RÜCKGÄNGIG können die zuletzt durchgeführten Aktionen rückgängig gemacht werden, über ANWENDEN werden die eingegebenen Änderungen auf der gewählten Partition durchgeführt. GParted speichert alle Änderungen zunächst in einem Zwischenspeicher und führt diese erst dann aus, wenn Sie auf ANWENDEN klicken. Löschen Sie nun die Partition, auf der sich Windows befindet, indem Sie sie mit der Maus markieren und den Menüpunkt LÖSCHEN wählen. Jetzt ist der gesamte Windows-Bereich der Festplatte gelöscht; Windows, aber auch sämtliche unter Windows gespeicherten Daten existieren nicht mehr.

Wichtig!

Speichern Sie alle Daten, die Sie vielleicht noch benötigen, vorher ab.

Sie können auch noch andere Partitionen, die vielleicht im Laufe des Windows-Lebens entstanden sind, löschen. Keinesfalls jedoch dürfen Sie die Partitionen `linux-swap` und `ext4` löschen (siehe Abbildung 5.10).

Klicken Sie nun auf den Button AUSFÜHREN, um die geplanten Aktionen zu starten. GParted liest die Partitionen neu ein. Anschließend öffnen Sie dann das Terminal und geben den Befehl `sudo update-grub` ein, drücken [↵] und legitimieren sich mit Ihrem Passwort.

Starten Sie den PC neu, Windows gehört nun der Vergangenheit an, der Bereich, der von Windows genutzt wurde, ist leer. Mit GParted können Sie also die Windows-Partition recht einfach von Ihrem Laufwerk entfernen.

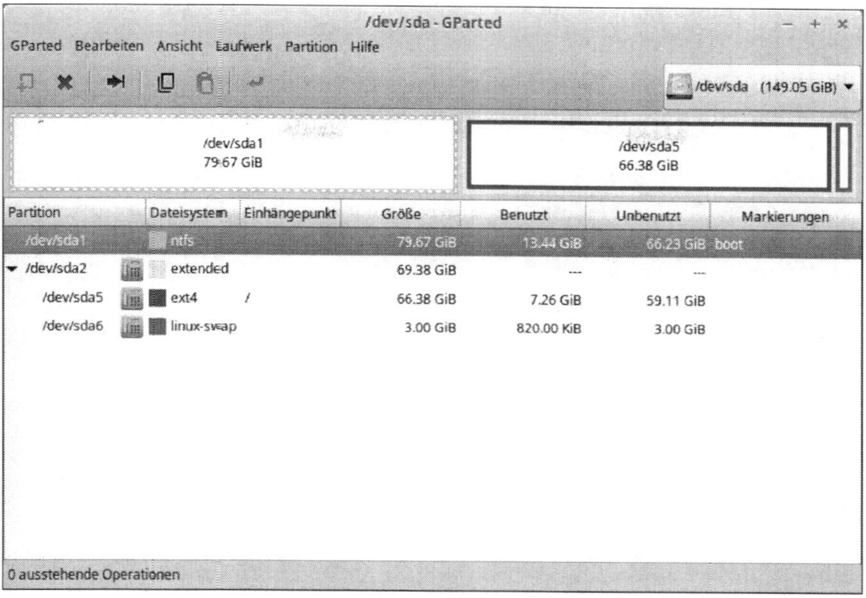

Abb. 5.10: Die Aufteilung einer Festplatte in verschiedene Partitionen

Den frei gewordenen Platz könnten Sie als Speicherort für sehr große Dateien formatieren oder Sie schlagen ihn Linux zu. Das Problem besteht allerdings darin, dass Ihre Linux-Partition nur verändert werden kann, wenn sie nicht genutzt wird. Aber genau dies tun Sie ja, wenn Sie Linux gestartet haben.

Der Ausweg führt einmal mehr über eine Live-Installation, so wie Sie sie bereits anfangs des Buches kennengelernt haben.

Eine Mini-Live-Installation, auf der dann auch nur noch GParted läuft und sonst gar nichts, erhalten Sie unter *http://gparted.sourceforge.net/livecd.php*.

Erstellen Sie aus dieser `.iso`-Datei einen bootfähigen USB-Stick und starten Sie den PC. Nun können Sie Ihre Linux-Partition einfach vergrößern, indem Sie sie mit der rechten Maustaste anklicken und die Option GRÖSSE DER PARTITION ÄNDERN ODER VERSCHIEBEN auswählen. Übernehmen Sie die Änderungen wieder übers grüne Häkchen, warten Sie ab, bis diese geschrieben sind.

Nun haben Sie Windows entfernt und den freien Festplattenplatz Linux zugeschlagen. Entfernen Sie den USB-Stick wieder und stellen Sie gegebenenfalls im BIOS Ihre Festplatte als erstes Boot-Laufwerk ein.

Drei verschiedene Möglichkeiten, Windows-Programme zu nutzen		
Parallele Installation	Beide Systeme arbeiten mit voller Funktionalität	Umständlich zwischen den System zu wechseln. Zwei vollständig installierte Betriebssysteme nötig.
Wine	Kein Windows-Betriebssystem nötig.	Einige Programme arbeiten nicht in vollem Umfang. Gelegentlich schwierig, die richtigen Einstellungen zu finden.
Virtuelle Maschine	Benutzte Software funktioniert zuverlässig. Fließender Wechsel zwischen den Systemen.	Zwei vollständig installierte Betriebssysteme nötig. Benötigt leistungsstärkere Rechner.

Tab. 5.1: Vergleich der Parallel-Systeme

Sie sind jetzt endgültig in der Linux-Welt angekommen. Herzlich willkommen!

Kapitel 6

Linux-Alternativen bekannter Windows-Programme

Durch die marktbeherrschende Stellung, die Microsoft mit seinem Betriebssystem einnimmt, sind auch die Programme, die auf Windows basieren, zum Synonym verschiedener Aufgabenbereiche geworden. Wir sprechen wie selbstverständlich vom »PowerPoint-Vortrag«, unabhängig davon, ob der Vortragende wirklich diese Präsentationssoftware benutzt hat; ist ein Foto offensichtlich nachträglich verschönert, wurde es »mit Photoshop« bearbeitet.

Diese zweifelsohne sehr nützlichen Programme sind jedoch meist für die Windows-Welt geschaffen. In fast allen Fällen können Sie jedoch auf ähnlich gute Programme mit vergleichbarem Funktionsumfang zurückgreifen, wenn Sie Ubuntu nutzen. Mit mehreren entscheidenden Vorteilen: Während Photoshop kaum unter 150 Euro und Microsoft Office in der einfachsten Version nicht unter 100 Euro zu bekommen ist, kosten die Open-Source-Äquivalente für Linux gar nichts.

Ich möchte Ihnen in diesem Kapitel alternative Möglichkeiten zu Microsoft-Programmen aufzeigen. Nicht alle Programme sind Open Source, aber Sie können mit allen Programmen die gleichen Aufgaben erledigen wie mit denen, die Sie vielleicht bereits unter Windows benutzt haben.

6.1 Office-Programme (Microsoft Office)

LibreOffice

https://de.libreoffice.org

LibreOffice ist der Platzhirsch unter den Linux-Büropaketen und als Teil von Ubuntu bringt es dieselbe Funktionsvielfalt mit, die MS-Office auch hat. Standardmäßig werden alle Dokumente, gleich ob Textdatei oder Tabelle, im selben Format gespeichert, dem OpenDocument-Format. Das ist so erfolgreich, dass auch die neueren Versionen von Microsoft Office das Format unterstützen.

Calligra Office

https://www.calligra.org

Diese Office-Suite ist nicht ganz so umfangreich und komplex, trotzdem reicht der Funktionsumfang für die allermeisten Anforderungen locker aus.

Gnome-Office

Im Unterschied zu den beiden vorher genannten Office-Suiten handelt es sich hier nicht um ein einheitliches Konzept, sondern um eine mehr oder weniger lockere Sammlung von Einzelprogrammen, die eigenständig installiert werden können.

6.2 Textverarbeitungen (Microsoft Word)

LibreOffice Writer

Ist Teil des LibreOffice-Programmpakets. Enorm umfangreich mit sehr guten Im- und Exportfiltern für Dokumente, die mit MS Word erstellt wurden. Darüber hinaus können die Originalschriften eingebunden werden.

AbiWord

https://www.abiword.org

Wenn es nicht ganz so umfangreich zu sein braucht wie LibreOffice Writer, reicht auch diese schnelle, schlanke Textverarbeitung, die ein Teil von Gnome-Office ist. Die Filterfunktionen zu anderen Textformaten sind naturgemäß sehr viel einfacher, funktionieren aber trotzdem verblüffend gut. Diese Textverarbeitung findet sich oft auf schwächeren Systemen.

6.3 Tabellenkalkulationen (Microsoft Excel)

Tabellenkalkulationen sind nie einfach: Der Umgang mit den integrierten Formeln und (Finanz-)mathematischen Funktionen setzt immer auch ein gewisses Abstraktionsverständnis und mathematische Kenntnisse voraus.

Gnumeric

http://www.gnome.org/projects/gnumeric

Gnumeric ist eine schnelle und robuste Tabellenkalkulation. Es meistert alle Aufgaben des täglichen Arbeitslebens meist problemfrei und bietet eine Vielzahl an Optionen in gut strukturierten Dialogen an. Mehr als 300 hinterlegte Formeln und Funktionen sind für den Normalverbraucher mehr als ausreichend.

LibreOffice Calc

Einer der Ansprüche, die sich LibreOffice auf die Fahne schreibt, ist die möglichst weitreichende Kompatibilität mit dem Marktführer Excel. Dies gelingt in aller Regel auch gut, die große Stärke von LibreOffice Calc ist allerdings die perfekte Einbindung in die übrigen Elemente von LibreOffice.

Wenn Sie sich nicht die Mühe machen wollen, Tabellen selbst zu erstellen, finden Sie online jede Menge Vorlagen, die Sie einfach importieren und ausprobieren können.

6.4 Datenbanken (Microsoft Access)

Kexi und Glom

www.kexi-project.org
https://www.glom.org

Große Datenbanksysteme, wie LibreOffice Base oder Access erschlagen den wenig erfahrenen Nutzer mit mehr Funktionen, als im Alltag tatsächlich benötigt werden. Die beiden schlanken Datenbanken Kexi und Glom bringen demgegenüber sinnvolle Funktionen mit und ermöglichen es dem Anwender, ohne Vorkenntnisse einfachere Datenbanken aufzusetzen und abzufragen.

LibreOffice Base

Wenn Sie mehr Funktionen benötigen, komplexe Datenbanken erstellen und auch beherrschen, ist Base das Programm der Wahl. Ein Assistent nimmt Sie an die Hand, wenn es darum geht, eine neue Datenbank zu erstellen oder eine vorhandene zu öffnen. Die Community stellt im Vorfeld eine ganze Reihe vorgefertigter Datenbanken, von einfachen Adressbüchern und Trainingsplänen bis zu Auftragsbüchern und Kundendatenbanken für den professionellen Bereich zur Verfügung.

6.5 Präsentationssoftware (Microsoft PowerPoint)

LibreOffice Impress

Impress spielt hier natürlich in seiner eigenen Liga. Die Kompatibilität zu Microsoft ist sehr gut, wenn auch nicht perfekt.

Alle Features, die Sie bei PowerPoint finden, können Sie auch hier nutzen. Vorlagen, Hintergründe, Übergänge, Sortierfenster, was will man letztendlich mehr? Bei Präsentationen ist ohnehin die Gefahr, einen visuellen Overkill zu erzeugen, größer, als eine Funktion zu vermissen.

Ease

http://www.ease-project.org/

Dieses Programm macht seinem Namen alle Ehre und erstellt einfache Präsentationen mit einer sehr intuitiven Oberfläche und wenigen, nützlichen Optionen. Wenn Sie den größeren Funktionsumfang und die damit erforderliche Einarbeitung in Impress meiden wollen, werfen Sie einmal einen Blick auf diese App.

6.6 Projektmanagement-Software (Microsoft Project)

Die hier vorgestellten Programme erstellen sogenannte Gantt-Diagramme, die die Planung und den Fortschritt eines Projekts auf einer Zeitskala visualisieren. Darüber hinaus finden Sie Informationen zu Kostenrechnung, Risikoanalyse und Kommunikationsmanagement.

GanttProject

http://ganttproject.sourceforge.net/

GanttProject eignet sich für sehr umfangreiche Projektplanung. Der Im- und Export von MS-Project-Dateien ist möglich.

Planner

http://live.gnome.org/Planner

Planner ist schnell und schlank und nutzt ein eigenes Datenformat. Er kann aber MS Project lesen.

ProjectLibre

https://sourceforge.net/projects/projectlibre/files/ProjectLibre/

ProjectLibre ist ein kommerzielles Programm, das in der Open-Source-Variante kostenlos ist.

6.7 Webdesign (FrontPage, Dreamweaver)

Um eine Webseite zu erstellen, benötigen Sie einen sogenannten HTML-Editor. Reicht es für den Einstieg, nur Texte, Bilder und Links darzustellen, ist es für den professionellen Einsatz nötig, auch mit Skriptsprachen, wie zum Beispiel PHP und JavaScript, oder Stylesheet-Sprachen wie zum Beispiel CSS umzugehen.

Hier finden Sie eine Aufstellung tauglicher WYSIWYG-Editoren (what you see is what you get), bei denen die Seite beim Erstellen und Bearbeiten genauso angezeigt wird, wie sie der Browser später darstellt.

BlueGriffon

http://bluegriffon.org

BlueGriffon bietet eine kostenlose und eine lizenzierte Version mit enormem Umfang. Bereits die freie Version dürfte für den Privatanwender ausreichen.

KompoZer

http://www.kompozer.net

KompoZer ermöglicht eine einfache, leicht zu bedienende Webseitenerstellung mit ausreichendem Umfang für den Privatanwender. Grundlage ist Gecko, ein Modul von Mozilla, auf dem auch Firefox basiert.

Aptana Studio

http://aptana.com

Aptana Studio erlaubt professionelle Webseitenentwicklung mit einer riesigen Auswahl von Tools zur Bearbeitung der Hintergrundfunktionen. Kein WYSIWYG und definitiv nicht einsteigergeeignet.

6.8 Webbrowser (Edge, Internet Explorer, Chrome)

Webbrowser stellen als eine der meistgenutzten Apps überhaupt einen zentralen Teil einer Distribution dar, bei Windows lassen sich die integrierten Internet Explorer und Edge beispielsweise nicht deinstallieren.

In Linux-Foren herrschen oft hitzige Diskussionen über Sinn und Unsinn, Sicherheit, Schnelligkeit und korrekte Darstellung der verschiedenen Programme.

Firefox

https://www.mozilla.org/de/firefox

Der Firefox, Webbrowser der Mozilla-Stiftung, ist der zweitmeistgenutzte Browser weltweit. Abgesehen von überzeugenden Sicherheitsfeatures, zeichnet er sich durch Erweiterungsmöglichkeiten, sogenannte Add-ons aus, die es ermöglichen, Werbung auszublenden, anonym zu surfen, Videos aus Webseiten auszuschneiden und herunterzuladen und vieles mehr. Schwächere Systeme haben Schwierigkeiten, Videos ruckelfrei anzuzeigen, da der Firefox relativ viel Speicherplatz in Anspruch nimmt.

Konqueror

https://konqueror.org/

Hierbei handelt es sich um den Webbrowser der KDE Software Compilation. Das Multitalent kann auch als als Dateimanager oder zum Betrachten von Bilddateien eingesetzt werden. Der Konqueror, der ohnehin Bestandteil des KDE-Desktops ist, bietet ebenfalls Add-ons an, um an persönliche Bedürfnisse angepasst zu werden.

Chrome/Chromium

https://www.chromium.org

Chrome ist der mit Abstand meistgenutzte Browser auf Desktopsystemen weltweit, allerdings ist ein großer Teil des Quelltextes proprietär. Da Google als Hersteller sehr an Daten seiner Nutzer interessiert ist, stimmt mich so etwas nachdenklich. Chromium ist dagegen Open Source und basiert auf den frei verfügbaren Teilen von Chrome. Chromium ist sehr schnell und schlank und wird gerne auf schwachen Systemen eingesetzt.

NetSurf

www.netsurf-browser.org

NetSurf ist ein sehr schneller, leichtgewichtiger Browser, der auf alten Systemen und den minimalistischen Distributionen eine sehr gute Figur macht.

Epiphany/Eolie

https://wiki.gnome.org/Apps/Web
https://wiki.gnome.org/Apps/Eolie

Zwei Browser mit vollständiger Integration in die Gnome-Umgebung.

6.9 E-Mail-Clients (Microsoft Outlook)

Thunderbird

http://www.mozilla.com/thunderbird

Thunderbird ist das Pendant zu Firefox und einer der weltweit meistgenutzten E-Mail-Clients für den Desktop. Auch hier lassen sich eine Unmenge Add-ons hinzufügen, die das Arbeiten erleichtern und sicherer machen.

Evolution

http://www.gnome.org/projects/evolution

Evolution ist weit mehr als nur ein E-Mail-Client, von Haus aus ist er ein Personal Information Manager und Bestandteil des Gnome-Desktops. Funktionen sind unter anderem die Organisation und Verwaltung von E-Mails, Kontakten, Terminen, Aufgaben und Notizen. Er ähnelt damit sehr viel mehr Microsoft Outlook.

KMail

https://userbase.kde.org/KMail

KMail ist der E-Mail-Client von KDE. Das Programm kann alleine ausgeführt oder als Teil des kompletten KDE Personal Information Managers Kontact genutzt werden. Zur Verwaltung der E-Mail-Adressen wird das Programm KAddressBook verwendet, KNotes und KOrganizer verwalten dann die Notizen und Termine.

6.10 Brennsoftware (Nero Burning ROM)

Brasero

https://wiki.gnome.org/Apps/Brasero

Das Programm ermöglicht es, schnell und einfach CDs und DVDs zu brennen. Eine besondere Einarbeitung ist nicht nötig, allerdings fehlen Spezialfunktionen wie das Auslesen einer CD und Umwandeln in `.mp3`-Dateien.

GnomeBaker

http://gnomebaker.sourceforge.net

GnomeBaker ist noch einfacher als Brasero. Einfach und intuitiv werden aus `.iso`-Dateien CDs gebrannt und Audio-CDs erstellt. Mehr nicht.

K3b

https://userbase.kde.org/K3b

Der Name K3b ist die kurze Schreibweise für »KDE Burn Baby, Burn!« Hier finden Sie das genaue Gegenteil der oben genannten App. Denn das Ziel der K3b-Macher ist es, möglichst viele Funktionen zu integrieren und dabei intuitiv erledigen zu können.

Es werden CDs, DVDs oder Blu-Rays »on the fly« kopiert, ausgelesen, komprimiert usw. K3b liefert dabei einen vollständigen Ersatz für Windows-Programme wie Nero Burning ROM.

6.11 CDs rippen

Geht es nur um das reine Auslesen von Audio-CDs und das anschließende Umwandeln in komprimierte Formate wie .ogg oder .mp3, bietet Linux Programme wie Sand am Meer.

Grip
https://sourceforge.net/projects/grip/

ripperX
https://sourceforge.net/projects/ripperx/

Asunder
http://www.littlesvr.ca/asunder/

Sound Juicer
https://git.gnome.org//browse/sound-juicer

6.12 Audiobearbeitung

Audacity
http://www.audacity.de

Über die recht intuitiv gehaltene grafische Benutzeroberfläche können Sie bei Audacity die meisten wichtigen Funktionen mit nur sehr wenigen Klicks erreichen. Eingebaute Filter entfernen Rauschen oder Klirren.

Ardour
http://ardour.org

Ardour ist für den professionellen Gebrauch gedacht und versucht nach eigener Aussage, die bestmögliche Bearbeitung für Tondateien zu ermöglichen. Das macht es schwierig für Einsteiger.

6.13 Bildbearbeitung für Rastergrafiken (Adobe Photoshop, Corel Photo-Paint)

Eine Raster- oder Pixelgrafik besteht aus einer rasterförmigen Anordnung von Bildpunkten (Pixeln). Jedem Pixel ist eine Farbe zugeordnet. Hauptmerkmale einer Rastergrafik sind Bildgröße in Pixeln sowie die Farbtiefe. Rastergrafiken eignen sich zur Darstellung komplexerer Bilder wie Fotos.

GIMP/GIMPShop

https://www.gimp.org/

GIMP ist der Platzhirsch unter den Photoshop-Konkurrenten. Das Programm erfüllt als professionelle Bildbearbeitung fast alle Ansprüche für die Erstellung, Gestaltung und Bearbeitung von Grafikdateien und kann mit allen gängigen Funktionen aufwarten. Der Ableger GIMPShop versucht, dabei die Bedienung des Marktführers Photoshop zu imitieren, um die Umstellung zu erleichtern.

Krita

https://krita.org/en

Krita ist ein professionelles Malprogramm, das auch die Bearbeitung von Fotos beherrscht. Das Hauptaugenmerk liegt allerdings auf der Malerei.

6.14 Fotoverwaltung und Bearbeitung (Adobe Lightroom)

LightZone

http://lightzoneproject.org/

LightZone ist die Alternative zum Bildbearbeiter Lightroom. Das professionelle Tool unterstützt Sie beim Organisieren Ihrer Fotos und stellt gleichzeitig eine breite Palette an Bearbeitungsfunktionen bereit. Sie können die Aufnahmen im unkomprimierten Modus über unzählige Schieberegler in Belichtung, Farbgebung und Schärfe anpassen und verbessern. Ebenso einfach lassen sich beispielsweise Bilder zuschneiden, rote Augen korrigieren oder Ähnliches.

darktable

https://www.darktable.org/

Alternativ dazu stellt darktable die Arbeitsabläufe in einem echten Labor nach: Vom Leuchttisch geht es in die Dunkelkammer, erst dann zur Diashow. Der Funktionsumfang ist für den ambitionierten Hobbyfotografen mehr als ausreichend.

Wenn die Fotoverwaltung ein bisschen einfacher sein soll, bieten sich folgende Programme an, die Ihre Bilder vor allem als Thumbnail darstellen und eine einfache Bildkorrektur anbieten:

digiKam
http://www.digikam.org

gThumb
https://wiki.gnome.org/Apps/Gthumb

KPhotoAlbum
https://www.kphotoalbum.org

Shotwell
https://wiki.gnome.org/Apps/Shotwell

Gwenview
https://userbase.kde.org/Gwenview

6.15 Programme für Vektorgrafiken (Adobe Illustrator, CorelDraw, FreeHand)

Vektorgrafiken basieren auf einer Bildbeschreibung, die die Objekte, aus denen das Bild aufgebaut ist, exakt definiert. So kann beispielsweise eine Linie in einer Vektorgrafik über Lage der Endpunkte, der Linienstärke und der Farbe vollständig beschrieben werden. Da nur diese Parameter gespeichert werden, lassen sich Vektorgrafiken mit geringem Platzbedarf speichern. Eine Eigenschaft ist daher auch die stufenlose und verlustfreie Vergrößerung.

Inkscape
https://inkscape.org/de/

Inkscape ist eine professionelle Arbeitsumgebung, die überhaupt keine Wünsche offenlässt. Die sehr üppige Ausstattung und die Möglichkeiten werden den Einsteiger wohl zuerst einmal abschrecken, denn das, was sich unter kundigen Händen als Ergebnis des Designprozesses ergibt, hat mit den Polygonen und Linien üblicher Vektorgrafiken nichts mehr zu tun.

LibreOffice Draw

Draw ist ein Teil der LibreOffice-Suite und ist dann richtig für Sie, wenn Sie ein relativ einfach zu bedienendes Programm benötigen, mit dem Sie Skizzen, Flowcharts, Mindmaps etc. erstellen wollen.

Karbon

https://www.calligra.org/karbon/

Karbon ist das einfachste der hier vorgestellten Vektorgrafik-Programme. Die Bedienung ist bequem und intuitiv, die Importfilter ermöglichen es, Dateien, die mit den proprietären Marktführern erstellt wurden, weiterzubearbeiten.

6.16 Videobearbeitung (Windows Movie Maker, Adobe Premiere Elements)

Im Bereich der Videobearbeitung bietet Linux ein sehr weites Spektrum an Programmen. Vom hochprofessionellen Programm bis hin zur kleinen App, mit der Sie Ihre Urlaubsvideos auf die Schnelle schneiden können.

Cinelerra

http://heroinewarrior.com/cinelerra.php

Cinelerra ist ein nichtlineares Videobearbeitungs- und -schnittprogramm, das im Umfeld professioneller Linux-Videoproduktion entstanden ist und dort genutzt wird. An Bord sind eine Menge erstklassiger Filter und Encoder, die nicht nur einen profanen Videoschnitt, sondern Rendering in höchster Qualität ermöglichen. Nach Aussage des Herstellers ist Cinelerra ohne Einschränkung auch für den privaten oder heimischen Videoschnitt geeignet. Dies mag zutreffen, Sie müssen dann allerdings eine längere Einarbeitung einplanen.

Und weil es so sehr komplex daherkommt, hat sich eine Community gebildet, die eine eigene Version veröffentlicht: *Cinelerra CV* (siehe nächster Abschnitt).

Cinelerra CV

https://cinelerra-cv.org

CV steht hier für Community Version. Cinelerra CV verzichtet auf einige professionelle Tools, wie den Umgang mit Farbräumen, und hat vermutlich immer noch mehr Funktionen an Bord, als der Normalnutzer gemeinhin braucht.

Kdenlive

https://kdenlive.org/

Kdenlive ist eine Videoschnittsoftware vor allem für die KDE-Umgebung. Wie in dieser Umgebung üblich wird an Funktionen nicht gespart, dabei benötigt das System nicht ganz so viel Computerleistung wie Cinelerra.

Avidemux

http://avidemux.sourceforge.net/

Avidemux ist ein Videoschnittprogramm für den ambitionierten Hobbyfilmer. Es ist plattformübergreifend. Das bedeutet, Sie werden diese Software auch unter Windows oder macOS finden. Avidemux unterstützt zahlreiche Audio- und Videoformate und ermöglicht es meistens, diese untereinander zu konvertieren.

OpenShot

https://www.openshot.org/de/

Wenn es nur darum geht, Videos vom Smartphone oder von der Action-Cam zu schneiden, oder High-End-Qualität weniger wichtig als eine unkomplizierte Arbeitsoberfläche ist, ist OpenShot das richtige Programm für Sie. Der Videoschnitt gestaltet sich sehr einfach und gespeichert wird nach Vorlagen. Falls Sie ein YouTube- oder Vimeo-Konto haben, können Sie Ihre Filme auch gleich veröffentlichen.

Flowblade

https://jliljebl.github.io/flowblade

LiVES

http://lives-video.com

Open Movie Editor

http://www.openmovieeditor.org

Pitivi

http://www.pitivi.org

6.17 3D-Animationen (3ds Max)

Blender

http://www.blender.org

Blender ist ein enorm umfangreiches Profiwerkzeug für die Erstellung von 3D-Animationen. Auch wenn die Hersteller gerne mit intuitiver Bedienbarkeit werben: Dieses Programm ist eigentlich nicht besonders intuitiv. Wenn Sie allerdings viel Zeit haben und ein oscarreifes Meisterwerk erstellen möchten – hier ist Ihr Programm.

K-3D

http://www.k-3d.org

K-3D ist Ihre Wahl, wenn es etwas einfacher, allerdings auch weniger spektakulär sein darf.

Wings 3D

http://www.wings3d.com

Bei Wings 3D können Sie Modelle aus Polygonen erstellen und rendern lassen. Die Galerie der Webseite zeigt beeindruckende Stillleben.

6.18 CAD-Programme (AutoCAD)

FreeCAD

https://www.freecadweb.org

Auch CAD-Programme benötigen Übung und Einarbeitung. Wenn Sie also auf die Schnelle eine technische Zeichnung anfertigen wollen – nehmen Sie lieber Papier und Bleistift. FreeCAD ist ein professionelles CAD-Programm mit Schnittstellen zu allen großen proprietären Programmen.

Sweet Home 3D

http://sweethome3d.sourceforge.net/index.html

Während sich FreeCAD an Architekten und Ingenieure richtet, ist Sweet Home 3D das Programm für Hobby-Innenarchitekten und Raumausstatter. Es ist vergleichsweise einfach zu bedienen und liefert anschauliche Ergebnisse. Leider lassen sich die Möbel großer Möbelhäuser nicht importieren, allerdings steht eine große Auswahl vorgefertigter Möbel zur Auswahl.

Kapitel 7

Ubuntu in der Gruppe

7.1 Warum ein Mehrbenutzersystem?

Oftmals wird ein Computer nicht allein von einem Menschen genutzt. Ein Computer kann z.B. auch im Klassenverband, in der Familie oder von Arbeitsgruppen gemeinsam benutzt werden. Daher ist es sinnvoll, jedem Benutzer einen eigenen Zugang einzurichten, der ihm die Möglichkeit gibt, seine eigenen Dokumente, Fotos, E-Mails und so weiter vor den anderen zu schützen.

Als Sie Ubuntu installiert haben, wurden Sie nach einem Benutzernamen und einem Passwort gefragt. Damit haben Sie neben Ihrem Benutzerkonto automatisch die Rolle des Systemverwalters, auch *admin*, *root* oder *superuser* genannt, übernommen. Die Rolle verschafft Ihnen, und auch nur Ihnen, die Möglichkeit, Veränderungen vorzunehmen, die das ganze System betreffen. Sie können Programme installieren und deinstallieren, den Zugang zum Netzwerk verändern und vieles mehr.

Der gesunde Menschenverstand sagt eigentlich, dass nicht jeder Nutzer, der einen Computer verwendet, auch Systemveränderungen vornehmen können sollte. Dieses Recht sollte einem oder zumindest einer sehr kleinen Gruppe von Nutzern vorbehalten sein. Ansonsten kann man sicher sein, dass das System nicht lange funktionieren wird.

7.2 Benutzer und Benutzergruppen – oder: Ein bisschen Hintergrundwissen

Die Nutzer

Auch wenn Sie Ihren Computer alleine nutzen wollen, haben Sie nach der Installation immer bereits zwei Nutzer an Bord, nämlich Sie selbst als Standardnutzer und den Systemverwalter, auch Administrator oder *root* genannt.

Der Administrator (root)

root ist der mächtigste Nutzer des Systems. Er ist der Alleskönner, der das ganze System einsehen und verändern kann. Der Nutzer root hat zudem ein eigenes Konto. Dies ist allerdings nicht unter dem Verzeichnis /home abgelegt wie Ihr Konto, sondern residiert im Wurzelverzeichnis /. Ursprünglich ist der root gar kein Benutzer des Systems, das heißt, er schreibt in dieser Rolle keine Briefe, surft nicht im Internet und ruft keine E-Mails ab. Er ist lediglich und ausschließlich derjenige, der das System verwaltet. Linux trennt diese Ebenen konsequent, denn es gilt der Satz:

> Jede Anwendung hat die gleichen Rechte wie ihr Nutzer.

Stellen Sie sich vor, Sie schauen sich in der Nutzerrolle des root, also mit der Berechtigung, das gesamte System zu beeinflussen, ein Video an. Dabei kommt ein Codec zum Einsatz, der, warum auch immer, korrumpiert, also mit einer Schadsoftware belastet ist. Diese Schadsoftware hat nun automatisch dieselben Rechte wie der Nutzer root, kann also administrativ tätig werden und in Systemdateien hineinschreiben, die Schaden auf dem Computer anrichten. Solange Sie als normaler Nutzer angemeldet sind, kann dieser Schadcode hingegen nichts anrichten, denn der normale Nutzer hat keine Schreibberechtigung in den wichtigen Konfigurationsdateien.

Der Standardnutzer (user)

Im Alltag sind Sie nur die wenigste Zeit als Administrator unterwegs. Denn ein Nutzer, der vor einem Computer sitzt und arbeitet, ist zunächst einmal, wie es der Name schon andeutet, ein Standardnutzer (*user*). Diese Rolle gibt Ihnen Zugriff auf alle Ihre Daten, Textdokumente, Musik- und Bildersammlungen. Die Dateien werden im /home-Verzeichnis abgelegt. Kein Nutzer hat Zugriff auf die Dateien der anderen Nutzer, denn die haben natürlich ein eigenes /home-Verzeichnis mit exklusivem Zugang.

User haben erst recht keinen Zugriff auf die Systemdateien und sie können keine Programme installieren. In der Konsequenz können sie aber auch keine Aktualisierungen vornehmen. Sie können nicht einmal ein Programm wie GParted bedienen oder eine .iso-Datei auf einen USB-Stick schreiben, denn auch diese Aktionen setzen Administratorenrechte voraus. Auf einem privaten Computer ist das natürlich extrem unpraktisch und wird dazu führen, dass entweder gar keine Aktualisierungen vorgenommen werden oder der Benutzer sich als root anmelden muss, um solche Tätigkeiten ausüben zu können.

sudo

Eine Lösung für dieses Dilemma heißt *sudo*, was in der Regel mit »superuser do« übersetzt wird.

Mit diesem Kommando werden Sie zeitweilig zum Systemverwalter: Immer dann, wenn für die Ausführung eines Programms Administratorenrechte erforderlich sind, wird Ihr Passwort abgefragt und erst dann die Aktion ausgeführt. Die Administratorenrechte bleiben Ihnen fünfzehn Minuten erhalten, danach werden Sie wieder zum Standardnutzer.

Sie haben dies in den letzten Kapiteln schon einige Male durchgeführt: Bei allen Konfigurationen, die über eine grafische Oberfläche verfügen, erscheint ein Fenster, in dem Sie das Passwort eingeben müssen; wenn Sie mit dem Terminal arbeiten, müssen Sie dem jeweiligen Befehl das Kommando sudo voransetzen und das Passwort eingeben.

sudo ist bei Ubuntu so eingerichtet, dass zunächst nur der Nutzer, der die Installation vornimmt, die Administratorenrechte zugewiesen bekommt. Dieser Nutzer kann andere Benutzerkonten anmelden und jedes Mal entscheiden, ob er der einzige Nutzer mit Administratorenrechten bleiben oder einem anderen Nutzer ebenfalls dieselben Rechte einräumen will.

7.3 Benutzerkonten verwalten

Über die Benutzerverwaltung

Die Benutzerverwaltung ist zunächst sehr simpel gehalten. Sie ist über die Systemeinstellungen und den Reiter BENUTZER aufrufbar. Um einen Benutzer anzulegen, müssen die Einstellmöglichkeiten zuerst durch einen Klick auf ENTSPERREN und die Eingabe des Passworts entsperrt werden. Nach dem Entsperren können Sie neue Nutzer anlegen oder natürlich auch vorhandene löschen oder verändern.

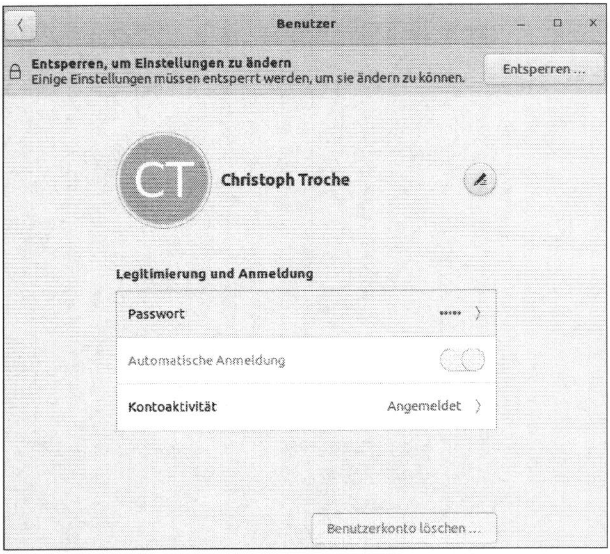

Abb. 7.1: Bisher ist nur ein Benutzerkonto vorhanden.

Mit einem Klick auf den Button BENUTZERKONTEN HINZUFÜGEN, der erscheint, sobald Sie ENTSPERREN angeklickt haben, legen Sie ein neues Konto an. Hier tragen Sie dann den Namen und den gewünschten Nutzernamen ein. Weiterhin muss der neue Benutzer entweder dem Kontotyp STANDARD oder SYSTEMVERWALTER zugeordnet werden.

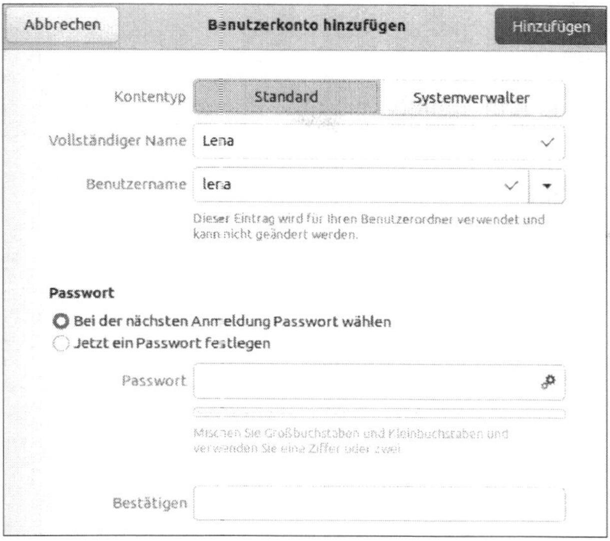

Abb. 7.2: Die Nutzerin Lena wurde als Standardnutzerin angelegt; mit ihrem Passwort kann sie keine Systemveränderungen vornehmen.

Für die Benutzerin Lena wird in Abbildung 7.2 ein neues Konto angelegt und als Standardbenutzerin definiert. Das Passwort könnte sofort festgelegt werden, oder man könnte Lena ihr Passwort beim nächsten Systemstart in Ruhe selbst anlegen lassen.

Um einen Nutzer zu löschen, wählt der Systemverwalter diesen zuerst aus und klickt dann auf den Button Benutzerkonto löschen. Daraufhin erscheint ein Dialog, in dem abgefragt wird, ob die Benutzerdaten, also alle erstellten Dokumente, ebenfalls gelöscht oder behalten werden sollen. Nach der Auswahl der entsprechenden Option wird das Benutzerkonto gelöscht.

Über das Terminal

Sie können natürlich einen neuen Nutzer auch mithilfe des Terminals anlegen. Hierzu nutzen Sie den Befeh.

```
sudo adduser [Nutzername]
```

Am Beispiel der Nutzerin Lena:

```
sudo adduser lena
```

Sie erhalten dann den Ausdruck, den Sie in Abbildung 7.3 sehen.

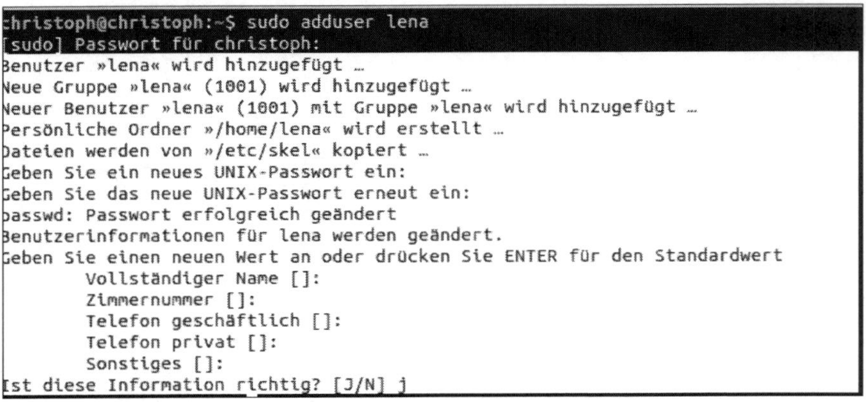

Abb. 7.3: Nutzerin Lena wird im Terminal angelegt.

Sie können bei den Abfragen über Zimmer- oder Telefonnummern etwas eintragen, müssen dies aber nicht.

Wenn Sie die Nutzerin Lena löschen wollen, verwenden Sie den Befehl

```
sudo deluser -- remove-home lena
```

Dieser Befehl löscht die Nutzerin Lena und ihr /home-Verzeichnis.

7.4 Benutzergruppen

Benutzergruppen vereinfachen dem Administrator das Leben, denn alle Mitglieder einer Benutzergruppe haben dieselben Rechte. Standardmäßig kreiert jeder Nutzer eine eigene Benutzergruppe, das heißt, der Nutzer `Christoph` ist (einziges) Mitglied der Benutzergruppe `christoph`, die Nutzerin `Lena` Mitglied der Gruppe `lena`. Tatsächlich ist jeder Nutzer aber darüber hinaus Mitglied in einer ganzen Reihe von Gruppen, denen bestimmte Berechtigungen zugeordnet sind, z.B. kann nur ein Mitglied der Gruppe `scanner` auch auf einen angeschlossenen Scanner zugreifen.

Hinweis

Wenn Sie als Administrator einen Blick riskieren wollen, welche Gruppen es überhaupt gibt und welcher Nutzer welcher Gruppe zugeordnet ist, schauen Sie einmal in die Datei `/etc/group`.

7.5 Der Besitzer und seine Rechte

Während der Systemverwalter also eine Allmacht über das System hat und mit seinem Passwort das ganze System von der Festplatte verschwinden lassen kann, liegen alle Rechte über die Dateien, die jeder Nutzer in seinem persönlichen Ordner hat, ausschließlich bei diesem. Jeder Besitzer hat das alleinige Entscheidungsrecht, ob und in welchem Umfang er andere Nutzer an seinen Dateien teilhaben lässt.

Auch die Nutzerin Lena stellt diese Rechte selbst ein. Dazu öffnet sie zuerst ihren persönlichen Ordner, markiert mit der rechten Maustaste den Unterordner oder die Datei, deren Zugriffsrechte sie festlegen möchte, und klickt auf EIGENSCHAFTEN.

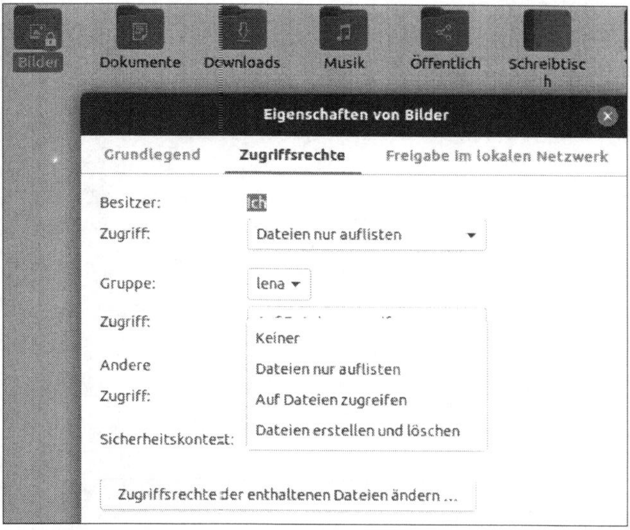

Abb. 7.4: Die Nutzerin Lena definiert hier, inwieweit andere Nutzer auf ihre Bilder zugreifen dürfen.

Die Zugriffsoptionen

In Abbildung 7.5 sehen Sie, dass die Besitzerin des Ordners BILDER Lena ist (*ich*). Sie darf selbstverständlich Dateien erstellen und löschen (Zeile *Besitzer*). Gleichzeitig ist sie Mitglied der Gruppe LENA und alle anderen Mitglieder dieser Gruppe dürften auf die Dateien zugreifen, das heißt, alle Mitglieder der Gruppe LENA dürfen die Bilder ansehen, können sie aber nicht verändern. Allerdings ist es bei Ubuntu nicht ohne Weiteres möglich, die Zugehörigkeit zu einer Gruppe zu verändern. Daher ist Lena das einzige Mitglied dieser Gruppe (Zeile GRUPPE).

Die Zeile ANDERE im Reiter ZUGRIFFSRECHTE zeigt die Optionen für alle anderen Benutzer auf:

Zugriffsoption	Bedeutung
KEINER	Kein anderer Benutzer kann diesen Ordner öffnen, alle Inhalte bleiben verborgen. Höchste Diskretion.
DATEIEN NUR AUFLISTEN	Alle anderen Nutzer können sich die Namen der im Ordner vorhandenen Dateien anzeigen lassen, aber die Dateien nicht öffnen.
AUF DATEIEN ZUGREIFEN	Alle anderen Benutzer können ein Bild ansehen, aber nicht bearbeiten.
DATEIEN ERSTELLEN UND LÖSCHEN	Alle anderen Benutzer können auf die Bilddateien von Lena zugreifen, diese bearbeiten, neue erstellen und löschen.

Tab. 7.1: Zugriffsoptionen für die Dateien eines Benutzers

Diese Einstellungen kann Lena für ihren gesamten persönlichen Ordner, einzelne Unterordner oder auch nur für einzelne Dateien vornehmen. Wie schon erwähnt, handelt es sich bei dieser Benutzerverwaltung um eine sehr stark eingeschränkte Version. Es ist beispielsweise nicht möglich,

- neue Gruppen zu erstellen, zum Beispiel die Gruppe KINDER und ELTERN, um die Nutzer hier zuzuordnen und die komplette Gruppe mit Rechten auszustatten,
- die Gruppenzugehörigkeit eines Nutzers zu ändern
- oder als Besitzer eines Dokuments Zugriffsrechte differenzierter zu gestalten, z.B. der Nutzerin Hannah den Zugriff auf Bilder zu gewähren, dem Nutzer Pepe hingegen nicht.

Erweiterte Zugriffsoptionen

Ich kann mir kaum vorstellen, dass man innerhalb einer Familie oder einer kleinen Gruppe mit diesen eingeschränkten Möglichkeiten auskommt. Falls Sie die Zugriffsrechte differenzierter gestalten wollen, starten Sie Ubuntu-Software, suchen Sie nach den *gnome-system-tools* und laden Sie sich die Erweiterung *Users and Groups* herunter. Danach müssen Sie den Computer neu starten. Nun finden Sie in den Anwendungen ein neues Icon, BENUTZER UND GRUPPEN. Mit der stark erweiterten Funktionalität ist es jetzt möglich,

- neue Gruppen zu erstellen,
- einzelne Nutzer den Gruppen zuzuordnen
- und den Nutzern differenzierte Benutzerrechte zu erteilen.

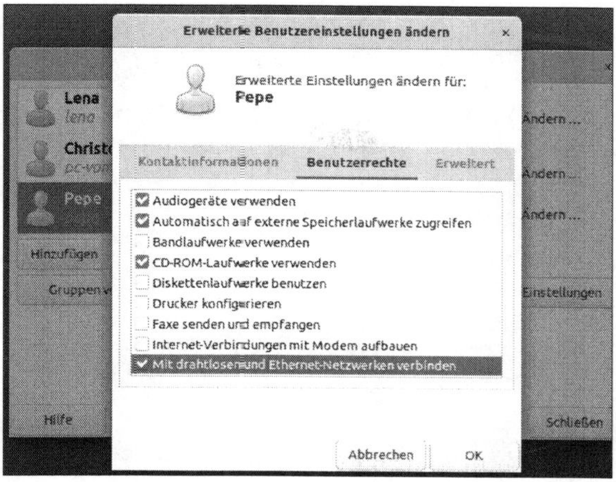

Abb. 7.5: Erweiterte Einstellmöglichkeiten für den Nutzer Pepe

In Abbildung 7.6 sehen Sie eine beispielhafte Zuordnung der Nutzer Hannah und Hans zur Gruppe kinder.

Abb. 7.6: Die neu erstellte Benutzergruppe kinder

Nun wäre es der Nutzerin Lena möglich, ihre Bilder oder Musikstücke der Gruppe kinder zugänglich zu machen, aber allen anderen, auch der Gruppe eltern, den Zugriff zu verweigern.

Gleichzeitig können Sie als Administrator jedem einzelnen Nutzer individuell erlauben, auf Ressourcen des Systems zuzugreifen oder auch nicht. Als Systemverwalter können Sie beispielsweise dem Nutzer Pepe erlauben, auf den Scanner zuzugreifen, während die Nutzerin Hannah dies nicht darf.

7.6 sudo konfigurieren

Wie ich oben schon einmal angedeutet habe, ist sudo ein Tool, um vorübergehende Administratorenrechte zu erlangen. Und natürlich ist sudo auch konfigurierbar, wenngleich dies nicht ganz einfach ist. Alle Einstellungen werden über die Datei /etc/sudoers vorgenommen, das heißt, man schreibt seine Befehle in die Textdatei hinein. Sie können diese allerdings nicht einfach mit einem beliebigen Texteditor bearbeiten. Sie müssen im Terminal das Kommando

```
sudo visudo -f /etc/sudoers
```

eingeben, um den speziellen Editor *Vi* zu starten (Abbildung 7.7).

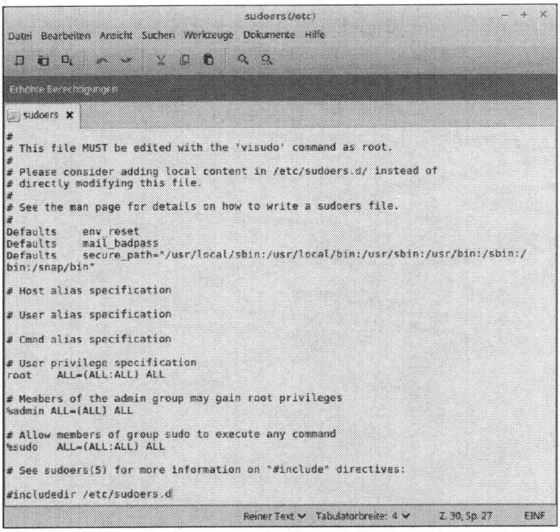

Abb. 7.7: In dieser Datei können Sie die Eigenschaften von sudo einstellen.

sudo merkt sich beispielsweise das Administratorenpasswort 15 Minuten. Wenn Sie diese Zeit verändern wollen, können Sie sie mit der Eintragung

```
timestamp_timeout = 5
```

in fünf Minuten ändern. Tragen Sie eine Null ein, so gilt das Administratorenrecht einen Befehl lang.

Mit weiteren Konfigurationen sollten Sie vorsichtig sein, Sie können sich sehr schnell aus Ihrem eigenen System aussperren. Weitere Informationen und Einstellparameter finden Sie auf der Webseite des Projekts *https://www.sudo.ws/sudo.html*.

Kapitel 8

Safety first – Sicherheit im System

8.1 Ist Ubuntu eigentlich sicher?

Als ich vor acht Jahren mein erstes Buch über Linux, das Buch zu Ubuntu 12.04, schrieb, hätte niemand auch nur im Entferntesten geglaubt, in welchem Umfang Geheimdienste und Behörden Daten sammeln und dabei ungeniert auch auf die Daten unbescholtener Bürger zugreifen. Eine vermutlich russische Hackergruppe kaperte Anfang 2018 Rechner der deutschen Bundestagsverwaltung, Geheimdienste interessieren sich für die Handys von Staatsoberhäuptern. Aber auch unsere eigenen Sicherheitsorgane sind nicht faul: Die Erstellung eines »Staatstrojaners«, der sich auf die Computer von Verdächtigen einschleusen und Daten auslesen soll, ist mittlerweile Realität. Gleichzeitig steigt die Anzahl krimineller Schadsoftware exponentiell an, täglich entstehen Tausende von mehr oder weniger gefährlichen Viren, Würmern oder Trojanern.

Trojaner, Viren, Ransomware

Ransomware ist eine Schadsoftware, die zunächst ohne Wissen und Einverständnis des Nutzers auf einen Computer geschleust wird und dann den Zugang zum Computer oder auch nur zu einem Teil der Daten verschlüsselt. Das Opfer kann dann nicht mehr auf seinen Computer oder seine Daten zugreifen, erst wenn ein Lösegeld bezahlt wurde, wird, vielleicht, ein Entsperrcode zugesandt. Opfer dieser kriminellen Aktion kann prinzipiell jeder werden: Vom Privatanwender bis zum DAX-Unternehmen ist grundsätzlich niemand sicher.

Viren stellen die größte Gruppe von Schadsoftware dar. Ein Virus ist ein kleines Programm, das, ganz nach dem Vorbild des natürlichen Virus, für sich genommen gar keine Funktion hat. Erst wenn ein Virus auf bestimmte Programm-Codes trifft, erwacht es zum Leben und richtet Schaden an. Meist besteht der Schaden in sinnloser Zerstörung, der Programmierer hat, außer Renommee in Hackerkreisen, keinen Nutzen.

Bots sind Programme, die im Internet angemeldete Computer kapern, um deren Rechenleistung anzuzapfen. Hierbei installieren Betrüger sogenannte Bots (von Robots, Arbeiter) ohne das Wissen der Nutzer auf dem Computer und versklaven den Rechner. Tausende von mit Bots infizierten Computern werden zu Botnetzen zusammengefügt und zum Bitcoin-Mining, zu Massenangriffen auf Webseiten oder zum massenhaften Versenden von E-Mails verwendet. Der Nutzer bemerkt nicht viel, nur einen außergewöhnlichen Abfall der Performance.

Trojaner ermöglichen es dem Angreifer, sensible Daten wie Passwörter, aber auch die Tastenanschläge und damit die getippten Texte auszuspähen. Diese Daten werden dann im Darknet für hohe Summen gehandelt. Aber selbst der Staat nimmt das Recht für sich in Anspruch, einen Trojaner auf die Computer Verdächtiger zu schleusen. Sinistre Elemente erforschen auf diese Art Passwörter für Onlinekonten und räumen so Bankkonten leer oder tätigen Großeinkäufe. Die Angriffe auf den Deutschen Bundestag 2015 und 2017 waren Trojaner-Angriffe, die Sicherheitsprogramme versagten.

Bis heute werden Schadprogramme allerdings fast ausschließlich für die Windows-Umgebung programmiert, dies hat mehrere Gründe:

Windows in seinen verschiedenen Versionen ist das am weitesten verbreitete, fast monopolartige Betriebssystem. Diese Tatsache macht es zum bevorzugten Angriffsziel für Programmierer, denn um ein erfolgreiches Schadprogramm zu konstruieren, das sich dann möglichst schnell verbreitet, benötigt man eine Monokultur.

Hier hat Ubuntu einen Vorteil, der schon alleine darin besteht, mehr oder weniger als Nischenprodukt zu existieren.

Aber auch wenn Linux weiter verbreitet wäre, wäre es für einen kriminell veranlagten Entwickler schwierig, ein Schadprogramm zu erstellen, das auf einem Linux-System großen Schaden anrichten und es zerstören könnte. Dies liegt unter anderem im Privilegien-System von Linux begründet.

8.2 Die Privilegien bei Ubuntu

Jedes Programm hat die gleichen Rechte wie sein Benutzer. In einer Windows-Umgebung bedeutet das nahezu den vollen Zugriff auf das ganze System. Denn unter Windows ist jeder Benutzer zugleich Administrator, das heißt, er hat Zugang zu allen Daten, auch zu den Systemdaten. Das ist gewollt, unter anderem, damit Microsoft automatische Updates einspielen kann und der Benutzer ohne Probleme eigene Programme installieren oder Einstellungen am System vornehmen kann.

Dass Ubuntu die Nutzung als normaler User ohne Administratorenrechte vorsieht, habe ich in Kapitel 7 beschrieben. Damit hat er zunächst nur Zugang zu seinen eigenen Daten, kann in dieser Rolle aber keine Programme installieren und keine Veränderungen an Systemdateien vornehmen. Und genau deswegen wird eine Schadsoftware auch nicht aktiv. Selbst wenn Sie sich einen Schädling einfangen würden, der unter Ubuntu aktiv werden könnte: Solange Sie keine Administratorenrechte annehmen und das Schadprogramm nicht bewusst installieren, passiert nichts, eine automatische Installation ohne Einverständnis und Legitimation gibt es bei Linux nicht.

1. Regel

Nutzen Sie Ubuntu unbedingt als *user*, wechseln Sie nur, wenn es unbedingt nötig ist, per sudo in den Administratoren-Modus.

8.3 Das Ubuntu-Ökosystem

Sie haben über Ubuntu-Software Zugriff auf eine Unzahl von Programmen, die für die tägliche Arbeit am Computer geeignet sind. Diese Programme sind mit an Sicherheit grenzender Wahrscheinlichkeit frei von Schadprogrammen. Somit sind Sie nicht auf Downloads aus einer möglicherweise gefährlichen Quelle angewiesen. Die Übertragung ist mit Schlüsseln gesichert, sollte das Programmpaket verändert werden, verändert dies den Sicherheitsschlüssel und das Programm wird nicht installiert.

2. Regel

Beziehen Sie Ihre Programme, wann immer möglich, über die Repositorien von Ubuntu bzw. Debian und dem Linux-Mint-Projekt und meiden Sie es, Programmpakete von nicht unbedingt vertrauenswürdigen Seiten zu verwenden.

Ein weiterer Sicherheitsvorteil von Ubuntu ist der Open-Source-Gedanke. Da die Architektur des Betriebssystems und fast der gesamten Software, die in den Repositorien angeboten wird, offenliegt, werden Sicherheitslücken im Quellcode oft gleich erkannt und können geschlossen werden. Bei einer proprietären Software ist dieses Verfahren so nicht möglich. Die Quellcodes werden fast wie Staatsgeheimnisse gehütet und Sicherheitslücken werden eigentlich immer erst bekannt, wenn bereits ein Schaden entstanden ist.

3. Regel

Vermeiden Sie proprietäre Programme und greifen Sie, wann immer möglich, auf Open-Source-Programme zurück.

8.4 Spectre und Meltdown

Ende 2017 wurde ein Super-GAU bekannt. Einem Team von Forschern war es gelungen, Angriffsszenarien zu entwickeln, die Schwachstellen in der Hardware-Architektur von Prozessoren ausnutzen konnten. Angreifer konnten durch das Ausnutzen dieser Sicherheitslücken mit einem Schadcode alle Daten auslesen, die der jeweilige Computer im Speicher verarbeitet – also auch Passwörter und geheime Zugangscodes. Schnell stellte sich heraus, dass nahezu alle Prozessoren der Hersteller Intel und AMD betroffen waren.

Diese Sicherheitslücke ist hardwareseitig und tritt unabhängig vom Betriebssystem auf. Das bedeutet, das Windows, Linux, Solaris, macOS, iOS, Android gleichermaßen betroffen sind.

Ein Windows-Update, dass die Lücke »patchen«, also flicken sollte, musste bereits einige Tage später wieder zurückgenommen werden, da es zu unkontrollierbaren Abstürzen führte.

Im Januar 2018 wurde der neue Linux-Kernel 4.15 veröffentlicht, der einen Teil dieser Sicherheitslücke schließen sollte. Mit der Kernelversion 4.16 galt die Sicherheitslücke als bereinigt.

Wenn Sie herausfinden wollen, ob und inwieweit Ihr System gegen die Sicherheitslücken gewappnet ist, laden Sie sich das Tool `spectre-meltdown-checker.sh` von der Webseite

https://raw.githubusercontent.com/speed47/spectre-meltdown-checker/master/spectre-meltdown-checker.sh

herunter. Klicken Sie mit der rechten Maustaste auf die Datei und machen Sie sie im Kontextmenü ausführbar. Nach dem Starten können Sie lesen, ob und inwieweit Ihr Computer angreifbar ist.

4. Regel

Sorgen Sie für regelmäßige Updates Ihrer Programme und der Systemdateien.

8.5 Sichere Passwörter

Das größte Sicherheitsrisiko sitzt immer vor dem Computer. Ich meine damit nicht so sehr das Surfverhalten im Internet, sondern den nachlässigen Umgang mit Passwörtern. Wenn Sie in manchen Büros Einblick in vertrauliche Daten nehmen wollen, schauen Sie unter der Tastatur oder der Schreibtischunterlage nach. Hier finden sich genauso oft Zettel mit Passwörtern wie Ersatz-Hausschlüssel unter der Fußmatte.

Wenn nicht gerade der System-Administrator das Passwort vorgegeben hat, sind diese manchmal von erschreckender Einfachheit. Die häufigsten Passwörter sind schon seit Jahren `12345678`, `passwort` und `qwertz`.

Allerdings sitzt heute kein Hacker mehr physisch am Computer und tippt mögliche Passwörter ein, der Hackerangriff heutzutage wird voll automatisiert mit 2 Milliarden Schlüsseln pro Sekunde gefahren. Dabei gibt es grob ausgedrückt zwei Methoden:

Bei der ersten werden komplette Wörterbücher als Passwort durchprobiert. Diese Methode zielt darauf ab, dass der Benutzer einen Namen oder einen feststehenden Begriff als Passwort benutzt. Nutzen Sie den Namen Ihres Hundes als Passwort, läuft der Rechner nicht einmal warm, bis das Passwort geknackt ist.

Die zweite Methode heißt *Brute Force* (brutale Kraft). Hierbei handelt es sich um eine Methode, die versucht, Passwörter oder Schlüssel durch automatisiertes, wahlloses Ausprobieren herauszufinden. Kurze, einfache Passwörter können so schnell geknackt werden. Hieraus ergibt sich folgende Regel:

Ein Passwort sollte mindestens zehn Zeichen lang sein. Zehn Zeichen bedeuten 713.342.911.662.882.601 mögliche Kombinationen, wenn nur Groß- und Kleinbuchstaben und die Ziffern 0–9 (= 62 Zeichen) verwendet werden. Ein gewaltsamer Angriff auf Ihren Computer mit einem leistungsfähigen Werkzeug dauert dann bis zu 15 Jahre. Das ist natürlich der Maximalwert, im Extremfall kann der Hacker natürlich auch schon nach Sekunden fündig werden.

Bei 2 Milliarden Schlüsseln, die ein durchschnittlich ausgestatteter Laptop pro Sekunde generieren kann, dauert es maximal ..., ein Passwort mit zehn Zeichen zu knacken:

- Nur Kleinbuchstaben (26 Zeichen): 19 Stunden
- Groß- und Kleinbuchstaben (52 Zeichen): 2 Jahre und vier Monate
- Groß- und Kleinbuchstaben plus Zahlen (62 Zeichen): 15 Jahre.
- Alle Zeichen plus Sonderzeichen (72 Zeichen): ca. 58 Jahre.

Hinweis

Die Stärke Ihres Passworts steigt exponentiell an, je mehr Zeichen Sie verwenden. Als einigermaßen sicher gilt ein Passwort erst, wenn es in der Lage ist, einen Brute-Force-Angriff mehrere Jahre lang auszuhalten.

Nur, wie löst man den Widerspruch, ein Passwort zu generieren, das nicht zu entschlüsseln, aber dennoch gut zu merken oder immer wieder herzuleiten ist? Ich stelle Ihnen im Folgenden zwei Methoden vor:

Buchstaben-durch-Zahlen-ersetzen-Methode

Das beste Passwort ist ein rein zufälliges Kennwort, bestehend aus allen Zeichen und Sonderzeichen, die Ihre Tastatur hergibt. Und dieses Passwort werden Sie dann natürlich auch gleich wieder vergessen. Wenn es sich aber um wirklich wichtige Daten handelt, sollten Sie trotzdem ein rein zufällig generiertes Wort wie z.B. `geK7{m(6$ci` benutzen. Etwas sicherer sind zwar Passwort-Kombinationen aus Buchstaben und Zahlen, z.B. ist `Marion67` besser als `Marion`, aber auch diese Kombination ist bei Weitem nicht sicher.

Ersetzen Sie doch einfach Buchstaben durch Ziffern. Wenn Sie Ziffern verwenden, die Buchstaben ähnlich sehen, z.B. `E` durch die `3`, `O` durch die `0`, `I` durch eine `1` und das `S` durch die `5`, entstehen schwer zu knackende Kennworte, die man sich trotzdem merken kann. Dann wird aus `Marion67` schnell `Mar1On67`. Das Wort `Sommer` ist kein Schutz, das Wort `SOmm3er` schon etwas mehr, und wenn Sie den besonders heißen Sommer 2003 `502Xm3r03` als Passwort nehmen, sind Ihre Daten schon besser geschützt. (Wobei `mm` durch `2Xm` ersetzt wurde.)

Noch weiter steigern können Sie das Verfahren, indem Sie auf Sonderzeichen zugreifen, dann wird aus dem `502Xm3r03` der `$02Xm3r03`.

So weit, so gut. Nun sollten Sie aber kein Passwort zwei Mal verwenden. Also müssen Sie sich eine Methode ausdenken, Ihr »sicheres Passwort« `$02Xm3r03` dem jeweiligen Zweck zuzuordnen. Die einfachste Methode ist, Sie hängen diesen Zweck einfach an das Kennwort hinten dran: Aus `$02Xm3r03` wird dann, für die Benutzung des großen Internet-Auktionshauses `$02Xm3r03/ebay`. Und für Facebook eben `$02Xm3r03/facebook`. Das macht es einem Hacker noch etwas schwerer, ist allerdings auch irgendwie vorhersehbar.

Nicht mehr lösbar wird es, wenn Sie die Buchstaben des Zieles im Wort verstecken, z.B. an 2., 4. usw. Position. Dann heißt das eBay-Passwort auf einmal `$eOb2aXym3r03`.

Und Facebook wird mit `$f0a2cXemb3oro0k3` erreicht und ist dann selbst für Hacker mit normalen Methoden nicht mehr zu knacken.

Die Anfangsbuchstaben-Methode

Mit Eselsbrücken können Sie sich die schwierigsten Passwort-Kombinationen leicht einprägen! Jeder kennt Sprichwörter wie »Das Spiel dauert neunzig Minuten und am Ende gewinnen die Deutschen«. Indem Sie nur die Anfangsbuchstaben und Satzzeichen hernehmen, erstellen Sie daraus das Kennwort `dSd90M,uaEgdD`. Aus »Besser einen Spatz in der Hand, als eine Taube auf dem Dach!« wird `B1SidH,a1TadD!`.

14 Zeichen aus Groß- und Kleinbuchstaben, Ziffern und Sonderzeichen ergeben ein Passwort, das einem Angriff ungefähr 1,6 Milliarden Jahre standhält.

Nehmen Sie einen Gedichtanfang, ein Sprichwort, irgendeinen Spruch. Damit können Sie wunderbare Passwörter generieren, die Sie sich, wenn es nötig ist, immer wieder herleiten können.

5. Regel

Benutzen Sie niemals ein real existierendes Wort als Passwort. Auch nicht die Namen der Liebsten, der Haustiere oder der Topfpflanze.

Und gleich hinterher:

6. Regel

Nutzen Sie möglichst lange und komplexe Passwörter, mit Groß- und Kleinbuchstaben, Ziffern und Sonderzeichen.

Das ist schön und gut, aber möchten Sie jedes Mal ein solches Passwort eintippen? Eigentlich nicht, und so bietet Firefox auch einen eigenen Passwortsafe an, der Ihre Nutzernamen und Passwörter speichert und gegebenenfalls in Login-Seiten einträgt. Da können Sie sich irgendwelche fantastischen Passwörter einfallen lassen, und das funktioniert auch, solange der Safe sicher ist. Und wenn nicht? Ubuntu bietet hier eine gute Passwort-Verwaltung an. Das ist eine sehr sicher verschlüsselte Datenbank, die mit einem Masterpasswort gesichert wird.

In dieser Distribution ist das Programm *Seahorse* als Passwortverwaltung installiert. Sie finden es allerdings nicht unter diesem Namen, sondern unter *Passwörter und Ver-*

schlüsselung. Und wie der Name schon sagt, dient es zu mehr als nur zur Verwaltung von Passwörtern.

Der Begrüßungsbildschirm ist zunächst einmal sehr schlicht, und es gibt bereits einen Eintrag: einen Schlüsselbund namens ANMELDUNG.

Ein Schlüsselbund ist eine Sammlung von Passwörtern und PGP-Schlüsseln. Denn so, wie Sie die Schlüssel an einem realen Schlüsselbund gruppieren, können Sie dies auch im virtuellen Bereich tun: Internetzugänge, Konten ... Wenn Sie schon Online-Konten angelegt haben, werden Sie hier bereits Einträge finden. Und so speichern Sie ein neues Passwort: Wenn Sie auf DATEI|NEU klicken, erscheint ein Fenster wie in Abbildung 8.1.

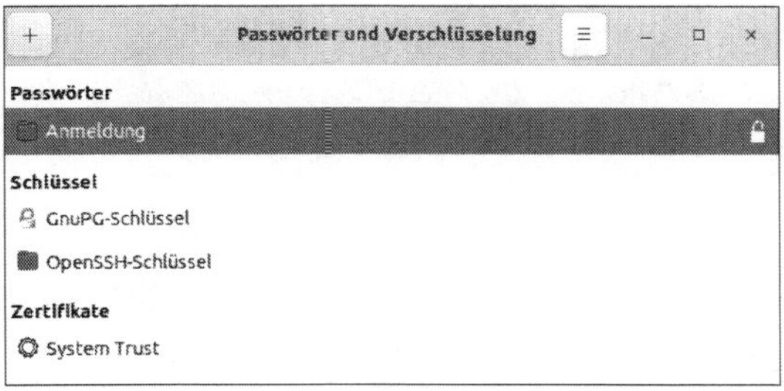

Abb. 8.1: Einen neuen Eintrag in Seahorse speichern

Sie können nun ein Passwort speichern. Das ist so weit nicht schwierig, ein Doppelklick auf den Eintrag GESPEICHERTES PASSWORT öffnet ein Dialogfeld, in dem Sie ein neues Passwort samt Beschreibung hinterlegen können.

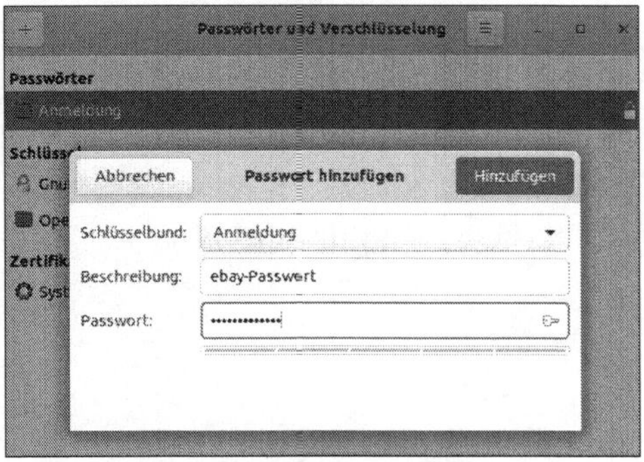

Abb. 8.2: Hier hinterlegen Sie Login-Daten, Passwörter und wenn nötig eine Beschreibung mit weiteren Informationen.

Wichtig!

Dieser Dialog wird mit nur Ihrem Anmeldepasswort gesichert. Daher ist das Geheimnis auch nur so gut gesichert, wie Ihr Anmeldepasswort stark ist.

Eine höhere Sicherheit erreichen Sie, wenn Sie das Passwort für Seahorse ändern. Klicken Sie dazu mit der rechten Taste auf den Schlüsselbundeintrag und geben Sie zuerst das alte und dann das neue Passwort ein. Nun hat ein Schnüffler immerhin schon zwei Passwörter vor sich.

Aber das auch nur, wenn Sie mittels Kontextdialog den Schlüsselbund sperren. Sonst ist es auch hier durch einen einfachen Klick möglich, die Passwörter zu lesen. Eine Option, dass sich der Schlüsselbund automatisch sperrt, gibt es leider nicht.

Die Optionen, die SSH- und PGP-Schlüssel betreffen, sind recht kompliziert. Sie dienen dazu, sich per Remote mit einem anderen Computer zu verbinden oder E-Mails zu verschlüsseln.

Wenn Sie auf eine Festplattenverschlüsselung verzichtet haben, ist es mithilfe von Seahorse trotzdem möglich, einzelne Dateien im persönlichen Ordner zu verschlüsseln, indem Sie nach Rechtsklick auf eine Datei die Option VERSCHLÜSSELN auswählen

Hinweis

Umfassende Informationen zu diesem weitreichenden Thema bieten die Webseiten:

http://wiki.ubuntuusers.de/GnuPG

oder verständlicher:

https://www.datenschutzzentrum.de/technik/

7. Regel

Speichern Sie niemals Passwörter in Textform auf Ihrem Computer, sondern nutzen Sie Passwortsafes.

8.6 Start absichern

Wenn Sie wirklich sicher sind, dass niemand auf Ihren Computer räumlich zugreifen kann, also tatsächlich davor sitzt, wenn der Rechner startet, brauchen Sie diesen Abschnitt nicht zu lesen. Aber: Können Sie ausschließen, dass Ihr Laptop einmal verloren geht? Dass Einbrecher Ihren Computer stehlen?

In Kapitel 2 haben Sie gelesen, wie Sie mithilfe einer Live-Installation leicht auf die bestehenden Daten eines Computers zugreifen können. Sie müssen dazu lediglich eine kleine Veränderung am BIOS vornehmen. Nur: Wenn Sie das können, dann kann jeder andere das auch. Jeder, der sich räumlich Zugang zu Ihrem Computer verschaffen kann, kann beim Starten das BIOS so anpassen, dass sich ein Live-System Zugang zu Ihren Daten verschafft.

Richten Sie also Ihre Festplatte als erstes Startlaufwerk ein und sperren Sie Ihr BIOS mit einem Passwort ab. Das ist schnell und einfach auf der Oberfläche unter dem Menüpunkt SECURITY passiert.

8. Regel

Versperren Sie Ihr BIOS/UEFI.

8.7 Daten verschlüsseln

Wenn auf Ihrer Festplatte sensible Dateien lagern, ist eine Verschlüsselung unabdingbar. Prinzipiell lassen sich einzelne Dateien verschlüsseln, Sicherheit erlangen Sie aber nur durch eine systematische Verschlüsselung der gesamten Festplatte. Sie haben bereits während des Installationsvorgangs die Möglichkeit, die Festplatte zu verschlüsseln. So kann sie dann, falls der Computer, die Festplatte oder – dies ist wohl die wahrscheinlichste Variante – Ihr Laptop gestohlen wird, niemand die Daten der Festplatte mittels eines Live-Systems auslesen. Dieses Verfahren verlangsamt allerdings die Performance des Computers und empfiehlt sich eigentlich nur dann, wenn sich wirklich geheime Daten darauf befinden, die auch professionellen Hackversuchen standhalten müssen.

9. Regel

Verschlüsseln Sie sensible Daten.

8.8 Firefox absichern

Firefox ist als Standardbrowser bei Ubuntu integriert, ob er tatsächlich der beste Browser ist, sei dahingestellt. Die große Stärke von Firefox ist die Möglichkeit, mit Plug-ins seine Funktionsvielfalt massiv zu erweitern und damit das Surfen sicherer und weniger transparent zu machen. Sie müssen allerdings einige Einstellungen selbst vornehmen.

Öffnen Sie den Dialog Einstellungen. Hier finden Sie übersichtlich die Optionen, mit denen Sie den Datenschutz verbessern können.

Im Bereich **Datenschutz** möchte ich Ihnen folgende Einstellungen empfehlen:

Lassen Sie Firefox Ihre **Login-Daten und Passwörter** speichern, dies erleichtert es Ihnen, sehr lange und komplexe Passwörter für die jeweiligen Webseiten zu generieren. Schützen Sie die Passwörter aber unbedingt mit einem guten Masterpasswort.

Firefox bietet Ihnen drei Profile mit verschieden starken Absicherungen an, wie Sie in Abbildung 8.3 sehen.

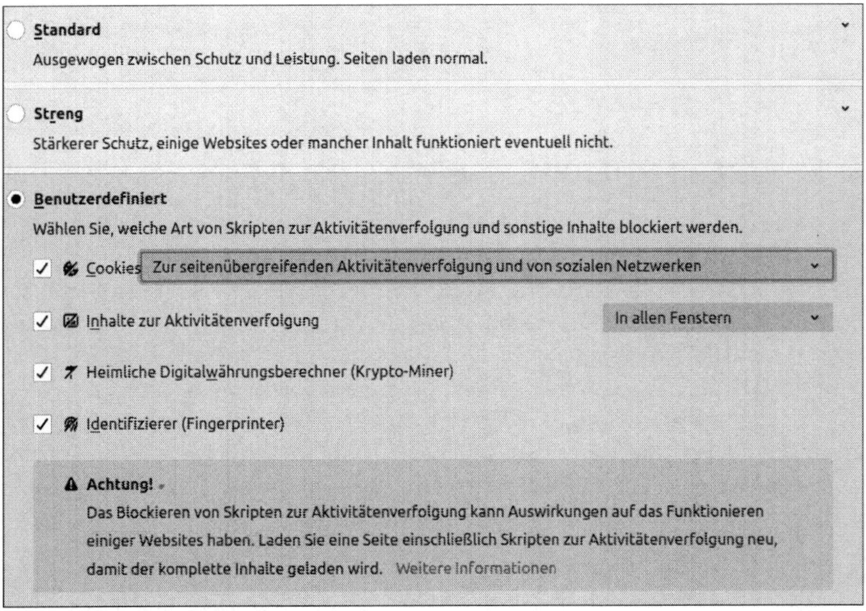

Abb. 8.3: So wird der Firefox abgesichert.

Wenn Sie die strenge Option wählen, funktionieren häufig Seiten mit eingebundenen Multimedia-Dateien nicht und manchmal erscheinen Login-Felder von Webseiten nicht.

Hinweis

Ein Cookie ist eine kleine Textdatei, die ein Webserver auf Ihrem Rechner anlegen darf. Die Bedrohung, die von Cookies ausgeht, betrifft das informationelle Selbstbestimmungsrecht.

Cookies ganz zu verbieten, ist leider oft nicht praktikabel, da diese auch für legitime Zwecke verwendet werden, zum Beispiel um Voreinstellungen öfter besuchter Webseiten nicht immer wieder erneut vornehmen zu müssen. Daher sollten Sie Cookies grundsätzlich akzeptieren, aber löschen lassen, wenn Sie Firefox schließen.

Ihre **Chronik** sollten Sie bei Beenden des Firefox löschen lassen, denn aus der Chronik und aus den Cookies lässt sich Ihr Surfverhalten perfekt auslesen. Daran sind nicht nur Firmen interessiert, sondern unter Umständen auch Familienmitglieder oder Chefs.

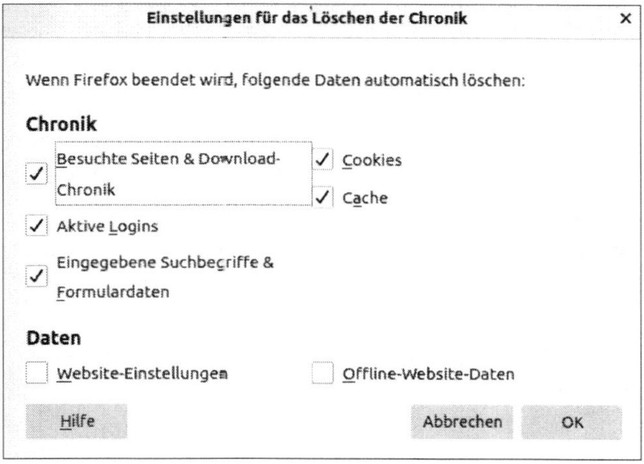

Abb. 8.4: Die Chronik-Einstellungen optimieren

Scrollen Sie weiter nach unten, gelangen Sie zu den Einstellungen für die Berechtigungen von Websites. Die Berechtigungen, Ihren Standort zu erfahren, Ihr Mikrofon oder die Webcam einzuschalten, sollten Sie deaktivieren, damit Sie nicht im Hintergrund ausgespäht werden können.

Add-ons von Webseiten installieren zu lassen, öffnet Missbrauch Tür und Tor und selbstverständlich sollten Sie Firefox anweisen, gefährliche Inhalte zu blockieren, indem Sie die Option GEFÄHRLICHE UND BETRÜGERISCHE INHALTE BLOCKIEREN aktivieren.

Firefox ermöglicht es Ihnen, andere Suchmaschinen als die Datenkrake *Google* als Standard zu definieren. Öffnen Sie dazu den Reiter SUCHE. *DuckDuckGo* ist dabei eine Empfehlung, die den Datenschutz sehr ernst nimmt. Die Suchergebnisse sind vielleicht nicht so üppig wie bei Google, reichen jedoch meist völlig aus.

Darüber hinaus möchte ich Ihnen noch einige Add-ons empfehlen, die den Browser sicherer machen:

- *AdBlock Plus*: Zum Blockieren von Werbung und zum Blockieren bösartiger Webseiten.
- *Better Privacy*: Löscht Langzeit-Cookies, die durch die Cookie-Verwaltung nicht erkannt werden.
- *NoScript*: Lässt JavaScript und andere Plug-ins nur bei vertrauenswürdigen Quellen zu.
- *anonymoX*: Ermöglicht das anonyme Surfen im Internet, indem Sie eine virtuelle Identität aus einem anderen Land annehmen.
- *Browser Protect*: Verhindert, dass jemand über das Internet die Kontrolle über Firefox übernimmt.
- *Blur* (früher DoNotTrackMe): Verhindert, dass Firmen Ihre Aktivitäten im Netz aufzeichnen.
- *AdNauseam*: Geht einen ganz anderen Weg. Es wird nicht nur Werbung nach einer Liste blockiert, im Hintergrund wird buchstäblich jede Werbung auch angeklickt. Dadurch wird es für die Werbenetzwerke unmöglich, Ihr Interessensprofil zu erstellen.

Diese Plug-ins schützen Ihren Computer und Ihre persönlichen Daten. Sie hindern allerdings niemanden daran, seinen gesunden Menschenverstand auszuschalten. Die größte Verantwortung für die Sicherheit im Netz liegt bei Ihnen.

10. Regel

Überprüfen Sie, ob Ihr Browser alle verfügbaren Datenschutz-Einstellungen aktiviert hat.

8.9 Ihre Daten sichern

Festplatten haben, wie alle Industrieprodukte, eine begrenzte Lebenszeit. Nur ignorieren die meisten Menschen diese Tatsache, was zu regelmäßigen Datenverlusten und verzweifelten Schwüren führt, ab jetzt aber wirklich die Dateien regelmäßig zu sichern, wenn es bereits zu spät, die Festplatte defekt ist.

11. Regel

Es ist wirklich unverzichtbar, seine Daten regelmäßig zu sichern.

Das Programm, das diese eminent wichtige Aufgabe übernimmt, heißt *Deja Dup*, Sie finden es in den Anwendungen in der Sammlung der Hilfsprogramme.

Das Programm ist simpel aufgebaut und arbeitet in Zukunft unbemerkt im Hintergrund.

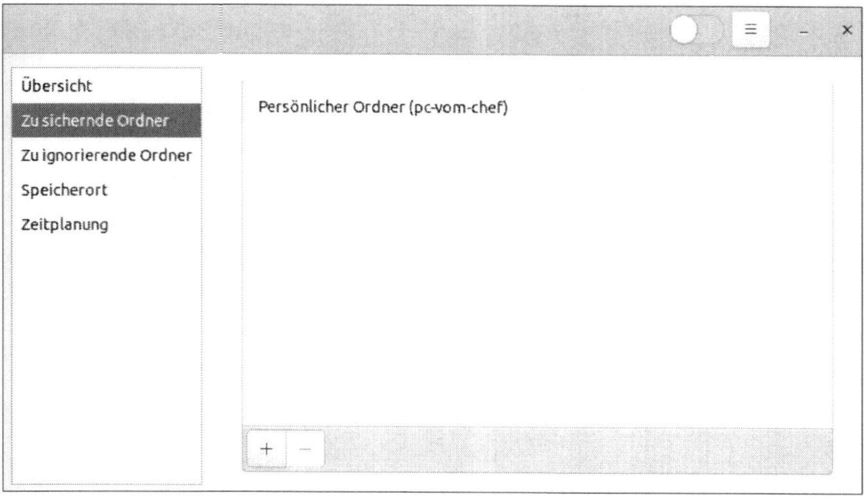

Abb. 8.5: Die Oberfläche von Deja Dup

Wählen Sie zunächst den zu sichernden Ordner aus. Grundsätzlich ist es sinnvoll, nur Ihren /home-Ordner zu sichern, sollten Sie allerdings auch noch den root-Ordner in die Auswahl einbeziehen wollen, klicken Sie auf das + und wählen Sie Weitere Orte. Nun können Sie den root-Ordner ebenfalls auswählen. Sie können Ordner auch von der Sicherung ausschließen, dies gilt beispielsweise für den Papierkorb.

Der Speicherort sollte sich natürlich außerhalb des Computers befinden, eine externe Festplatte ist die einfachste Möglichkeit, ein Laufwerk im eigenen Netzwerk oder Speicherplatz bei einem Cloud-Anbieter steht ebenfalls zur Auswahl.

Zum Schluss planen Sie das Sicherungsintervall. Ich empfehle Ihnen, die Sicherung automatisch und täglich vorzunehmen, dann müssen Sie sich um nichts mehr kümmern. Falls Sie die Sicherung auf einer externen Festplatte speichern, empfehle ich dringend, sie zu verschlüsseln.

Die erste Sicherung dauert sehr lange, da alle Daten gespeichert werden, die folgenden Sicherungen sind sehr viel schneller erledigt, hier werden nur noch die Veränderungen registriert.

Mit der Schaltfläche WIEDERHERSTELLEN können Sie eine Datensicherung ganz leicht wieder zurückspielen. Zuerst wird Ihnen der Speicherort, dann ein Datum der Sicherung angeboten. In der Regel werden Sie die letzte Datensicherung auswählen, Sie können aber auch auf ältere Versionen zurückgreifen.

Kapitel 9

Der Linux-Verzeichnisbaum – Eine etwas andere Logik

Jetzt geht es also los, jetzt wird Linux doch kompliziert? Ja und nein. Bis hierher haben wir es ohne besondere Kenntnisse des Verzeichnisbaums geschafft und Ubuntu ist eben so ausgelegt, dass dies weiterhin so bleiben kann. Trotzdem möchte ich Ihnen diese Einführung geben, schon weil in vielen Hilfsforen von Ihnen erwartet wird, dass Sie bestimmte Angaben machen, die eben nur mit dem Terminal erstellt werden können und die zumindest oberflächliche Kenntnisse des Verzeichnisbaums voraussetzen.

9.1 Die wichtigsten Verzeichnisse

Dateien aber müssen in Verzeichnissen zu finden sein, und so ist es auch hier. Der Verzeichnisbaum unter Linux folgt einer anderen Hierarchie als der Baum unter z.B. Microsoft und er ist viel stringenter.

Bei Windows steht der Laufwerksbuchstabe am Anfang der Hierarchie, darunter finden sich im wilden Durcheinander Dateien und Verzeichnisse, die zum Betriebssystem gehören. Zusätzlich dazu finden Sie hier die installierten Programme und Dateien der Nutzer.

Linux funktioniert völlig anders. Daten des Betriebssystems sind streng getrennt von denen der Nutzer. In Kapitel 2 habe ich Ihnen bereits beschrieben, wie Sie sich dies zunutze machen können, um beispielsweise eine andere Linux-Distribution zu installieren, dabei aber Ihre eigenen Dateien unangetastet lassen.

Im Zentrum der Dateien steht bei Linux das sogenannte *Root-Verzeichnis*. Dieses wird nicht durch einen Laufwerksbuchstaben symbolisiert, sondern durch den Slash /.

Vorsicht!

Bitte beachten Sie die korrekte Schreibweise: Während bei Microsoft-Systemen ein Backslash \ verwendet wird, benutzt man bei Linux einen Slash /.

Schauen wir uns die wichtigsten Verzeichnisse einmal an:

- /: Das Haupt-, Root- oder Wurzelverzeichnis. Hier am Beginn des Verzeichnisbaums sollten keine Dateien, sondern nur Verzeichnisse liegen.
- `/bin`: Hier befinden sich wichtige Programme (binaries) zur Systemverwaltung, die immer verfügbar sein müssen. Diese Programme können von jedem Benutzer verwendet werden. Anwendungen wie z.B. LibreOffice findet man hier nicht.

- /boot: Hier befindet sich der Kernel, das Herz des Betriebssystems. Der Normaluser hat hier keinen Zugang.
- /dev: In diesem Verzeichnis findet man die Gerätedateien, also die Zugangspunkte zur peripheren Hardware (devices). /fd0 beispielsweise stellt den Zugang zur Floppydisk her. Eine Besonderheit von Linux ist, dass sämtliche erkannten Geräte und deren Eigenschaften immer als Datei dargestellt werden.
- /etc: Hier befinden sich die Konfigurationsdateien des Systems. Dabei handelt es sich um einfache Textdateien, die mit dem Editor verändert werden können. Wenn Sie in Internetforen aufgefordert werden, eine bestimmte Konfigurationsdatei anzupassen, um ein Problem zu lösen, werden Sie hier fündig.
- /home: Das wohl meistgenutzte und wichtigste Verzeichnis. Für jeden Benutzer wird ein eigenes Verzeichnis innerhalb des home-Verzeichnisses angelegt, in dem er Dateien anlegt, ändert und löscht. Außerdem werden Konfigurationsdateien der einzelnen Nutzer hier abgelegt. Niemand außer dem Systemverwalter und dem Besitzer hat Zugriff auf diese Dateien, es sein denn, dies wird in der erweiterten Benutzerverwaltung (siehe Kapitel 7) so eingerichtet.
- /lib: Enthält die Programmbibliotheken (libraries). Die Bibliotheken enthalten Funktionen, die von mehreren Programmen gleichzeitig genutzt werden. Ein wichtiges Unterverzeichnis lautet /lib/modules. Hier sind weitere Kernel-Module gespeichert.
- /lost+found: Dieses Verzeichnis sollte normalerweise leer sein. Befinden sich trotzdem Dateien hierin, handelt es sich um Dateifragmente, die nicht mehr zugeordnet werden konnten. Diese können entstehen, wenn Linux nicht heruntergefahren wird, sondern nur vom Strom getrennt wurde oder ein USB-Stick beim Kopieren von Dateien zu früh entfernt wurde.
- /media: Hier werden die Unterverzeichnisse für Speichermedien gelistet. Speichermedien können CD-Laufwerke, USB-Sticks, aber auch die Windows-Partition sein, die sich eventuell auch noch auf der Festplatte befindet.
- /mnt: Das Standard-Mount-Verzeichnis unter Linux. Es wird bei Ubuntu nicht genutzt, ist aber trotzdem vorhanden, da sich die Laufwerke anderer Betriebssysteme hier einhängen sollen.
- /proc: Hier werden Informationen über die laufenden Prozesse (process) gespeichert.
- /sbin: Ähnlich wie im Verzeichnis /bin sind hier Kommandos gespeichert, die allerdings nur mit Administrator-Rechten ausgeführt werden können.
- /temp: Hier werden vorübergehend Programmdateien ausgelagert.

- /usr: In diesem Verzeichnis werden die zusätzlich installierten Programme, die nicht zur regulären Distribution gehören, gespeichert. Die meisten davon findet man im Unterverzeichnis /usr/bin.
- /var: In diesem Verzeichnis lagern die sich laufend verändernden Informationen, wie zum Beispiel die Zwischenablage und Druckaufträge.

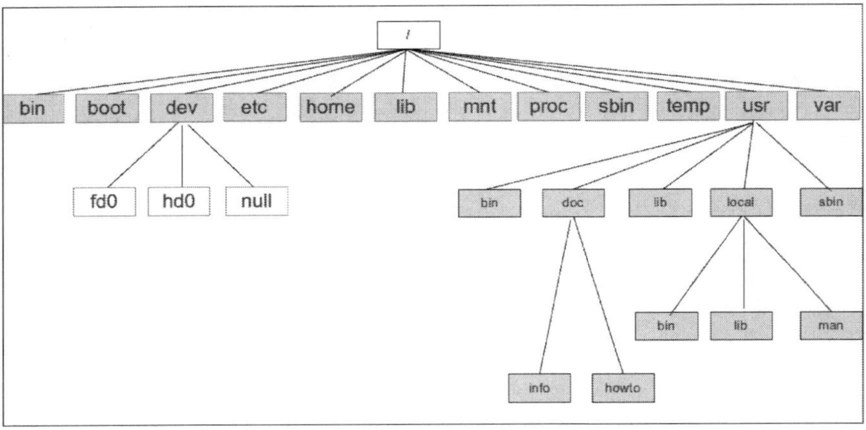

Abb. 9.1: Verzeichnishierarchie unter Linux

Sie haben zwei Möglichkeiten, den Inhalt dieser Verzeichnisse zu betrachten: Zum einen, indem Sie sich mit *Nautilus*, dem Dateimanager, durch die Verzeichnisse klicken, zum anderen mit dem Terminal. Hier müssen Sie dann aber die entsprechenden Befehle kennen.

Wenn Sie das Terminal starten, werden Sie immer zuerst auf Ihr /home-Verzeichnis geleitet. Mit dem Befehl dir lassen Sie sich alle Verzeichnisse und Ordner anzeigen. Um das angezeigte Verzeichnis Bilder zu öffnen, geben Sie den Befehl cd Bilder ein. Achten Sie dabei auf Groß- und Kleinschreibung. Der Befehl cd wird immer mit kleinen Buchstaben geschrieben, das Verzeichnis mit Groß- und Kleinschreibung. Mit dir lassen Sie sich nun wieder den Inhalt des Verzeichnisses anzeigen, mit cd [Verzeichnisname] wechseln Sie ins nächste Verzeichnis.

Um eine Ebene zurückzugehen, nutzen Sie den Befehl cd .., und um wieder zurück ins /home-Verzeichnis zu gelangen, geben Sie nur cd ein.

Sie werden feststellen, dass Sie längst nicht alle Verzeichnisse öffnen oder Dateien verändern können, denn für eine Reihe von Systemdateien hat nur der Systemverwalter Zugriffsrechte. Hier müssen Sie dann den Befehl sudo voranstellen.

9.2 Geräte im Verzeichnisbaum

Wie bereits erwähnt, werden alle Geräte als Dateien im Verzeichnisbaum abgebildet. Mit »Gerät« ist hierbei nicht nur der angeschlossene Drucker oder Monitor, sondern auch die Grafikkarte, der Prozessor oder der Arbeitsspeicher gemeint. Damit Linux ein Gerät ansprechen kann, muss eine Datei vorhanden sein, die dieses Gerät abbildet. Diese Dateien finden Sie im Verzeichnis /dev. Die Namen der Dateien sind standardisiert. So lautet beispielsweise das Äquivalent zum Laufwerk C:\ von Microsoft unter Linux /dev/hd0.

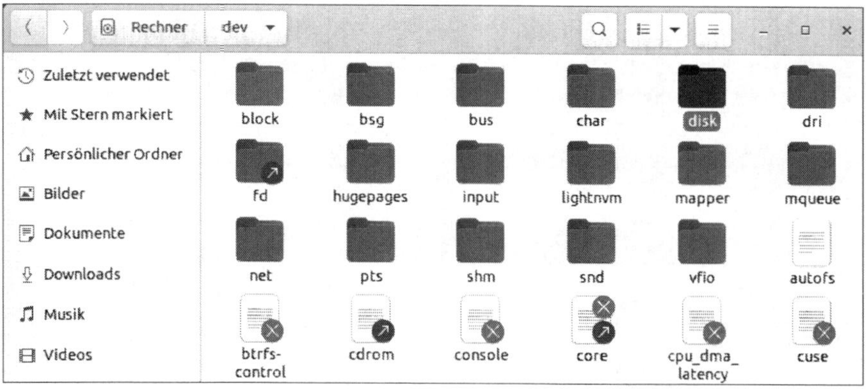

Abb. 9.2: Der Verzeichnisbaum von /dev. Hier sind alle Geräte als Datei gelistet.

Nautilus listet alle erreichbaren Laufwerke, Partitionen und anderen Dateisysteme, wie zum Beispiel ein parallel installiertes Windows, in der Seitenleiste auf. In aller Regel sind diese Verzeichnisse automatisch eingehängt. »Eingehängt« heißt in diesem Zusammenhang, dass sie automatisch nutzbar sind. Sie können ein Laufwerk sehr einfach aushängen, indem Sie mit der rechten Maustaste auf das entsprechende Symbol klicken und AUSHÄNGEN wählen.

Wichtig!

Solange ein Datenträger eingehängt ist, darf er nicht entfernt werden. Bei CDs wird die Schublade verriegelt, bei USB-Sticks und externen Festplatten müssen Sie allerdings selbst aufpassen. Klicken Sie immer mit der rechten Maustaste auf das Symbol im Starter und bestätigen Sie: DATENTRÄGER SICHER ENTFERNEN.

Wenn Sie ein Gerät einfach nur ausstecken, können Dateien verloren gehen; es kann sogar passieren, dass das eingehängte Dateisystem beschädigt wird und das Einhängen beim nächsten Mal gänzlich misslingt. Dann müsste der Datenträger neu formatiert werden, was den endgültigen Datenverlust bedeuten würde.

9.3 Eine Festplatte in den eigenen /home-Ordner einbinden

Aber wozu das Ganze? Unter Linux lässt sich der Ort, an dem Sie auf einen Datenträger zugreifen, einfach festlegen. An der Stelle eines Verzeichnisses /home/benutzer/geheimnisvoller Ordner kann sich technisch ein CD-ROM-Laufwerk, eine Windows-Partition, ein Drucker oder etwas ganz anderes befinden. Ein Beispiel: Sie haben noch eine zusätzliche Festplatte mit vertraulichen Daten in Ihrem Computer und möchten diese Daten nicht für alle anderen Nutzer zugänglich machen. Um das zu verhindern, können Sie diese zweite Festplatte in Ihrem /home einhängen (*mounten*), denn alle Dateien in Ihrem Ordner sind für alle anderen nicht einsehbar. Der /home-Ordner ist und bleibt der /home-Ordner, egal ob sich die Daten physisch auf einem anderen Laufwerk oder im Netzwerk oder auf derselben Festplatte befinden.

So können Sie Laufwerke, Partitionen, komplette Windows-Dateisysteme als *Datei* in Ihren /home-Ordner einhängen. Die Daten gehören dann Ihnen. Um eine Datei in Ihrem /home-Ordner einzuhängen, benötigen Sie zwei Informationen:

1. den Namen der Datei und
2. den Ort, an dem die Datei eingehängt werden soll.

Gehen wir zu dem Beispiel der zusätzlichen Festplatte, die Sie in Ihrem System einbinden möchten: Klicken Sie mit der rechten Maustaste einmal auf das Symbol der zweiten Festplatte, hier als `Volume` bezeichnet. Sie erfahren, dass das Laufwerk im Ordner `/media` liegt und `Volume` heißt.

Öffnen Sie nun das Terminal und geben Sie den Befehl `mount -l` ein. Jetzt werden die vorhandenen eingehängten Laufwerke aufgelistet. Wir suchen den Eintrag `media/Volume` und erfahren, dass diese Datei (Sie erinnern sich, auch Laufwerke werden als Datei geführt) unter `/dev/sdb1` aufgeführt ist.

Abb. 9.3: Wir suchen den Eintrag `media/Volume`.

Nun müssen wir einen Einhängepunkt schaffen: Da dieser Punkt in unserem /home-Ordner liegen und nicht die bereits dort vorhandenen Dateien überschreiben soll, erstellen wir einen leeren Ordner mit Namen `platte`.

Dazu klicken wir mit der rechten Maustaste in das Fenster des persönlichen Ordners und wählen aus dem Kontextmenü den EINTRAG NEUEN ORDNER ANLEGEN aus und benennen den so erstellten Ordner in `platte` um.

Jetzt haben wir nicht nur den Namen der einzuhängenden Datei, wir haben auch einen Einhängepunkt erstellt.

Hängen Sie nun das Volume aus, indem Sie mit der rechten Maustaste auf das Symbol VOLUME klicken und AUSHÄNGEN wählen. Jetzt ist die Festplatte für das System nicht mehr verfügbar.

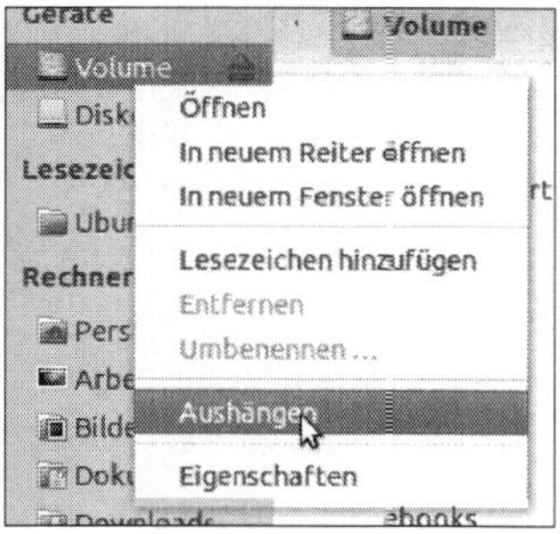

Abb. 9.4: Das zweite Laufwerk wird ausgehängt.

Starten Sie nun das Terminal, tippen Sie die Kommandozeile

```
sudo mount –t ntfs /dev/sbd1 /home/BENUTZERNAME/platte
```

und bestätigen Sie mit [↵].

Danach werden Sie nach Ihrem Passwort gefragt. Geben Sie es ein und bestätigen Sie erneut mit [↵].

Was bedeuten diese Eingaben und wie wenden Sie sie auf Ihr System an?

- `sudo` ist der Befehl, mit dem Sie sich Systemverwalterrechte geben.
- `mount` ist der Befehl, mit dem Sie das System anweisen, eine Datei einzuhängen, und zwar eine Datei vom Typ `(-t) ntfs`. Diese Datei befindet sich unter dem Pfad `/dev/sdb1` und soll unter `/home/BENUTZERNAME/` in den Ordner `platte` eingehängt werden (dort, wo groß `BENUTZERNAME` steht, gehört dann Ihr Benutzername in Kleinbuchstaben hinein).

Jetzt sollte das Symbol des Volumens aus Nautilus verschwunden sein, alle Dateien befinden sich nun im Ordner `platte`.

Die Daten haben sich physisch nicht verändert und liegen immer noch auf der zweiten Festplatte. Sie können dies auch mit einzelnen Ordnern oder sogar Ordnern, die sich irgendwo im Heimnetzwerk befinden, praktizieren. Die Daten bleiben dort, wo sie sind, werden aber in Ihren persönlichen Ordner eingehängt und sind somit für die anderen Benutzer unsichtbar.

9.4 Das Terminal

So ganz nebenbei haben Sie im Laufe dieses Buches und auch dieses Kapitels immer wieder mit dem Terminal gearbeitet. Und Sie haben wohl erlebt, dass das Terminal kein Hexenwerk ist. Wozu aber braucht man ein Terminal? Kann man nicht einfach alle Programme mit einer intuitiv zu bedienenden Oberfläche versehen? Im Prinzip kann man das schon, aber viele Programmierer sehen darin keinen Sinn und lassen es einfach. Ursprünglich wurde Linux ausschließlich über das Terminal bedient, und die Profis tun das immer noch.

Es ist zum Beispiel genau dasselbe, ob Sie ein Programm über Ubuntu-Software installieren oder im Terminal den Befehl

```
sudo apt-get install PAKETNAME
```

eingeben, das Ergebnis ist ein installiertes Programm. Wissen muss man eigentlich nur, dass Ubuntu-Software nur ein sogenanntes *Front-End* ist, eine Bedienoberfläche für das Programm *APT*, und nicht das Programm an sich.

Ich werde Ihnen einige Befehle auflisten, die Sie gefahrlos Im Terminal ausprobieren können.

Wichtig!

Im Terminal herrscht grundsätzlich die Regel der Kleinschreibung: Befehle, Programmnamen und Nutzernamen werden nur mit Kleinbuchstaben geschrieben. Ausnahme von dieser Regel sind allerdings Ordner- und Dateinamen. Diese werden genau so geschrieben, wie Sie sie gespeichert haben.

- Pfadangabe zu Ihren Dateien:
  `/home/benutzername/Ordner/Datei`
- Verzeichnisinhalt anzeigen:
  `dir /home/benutzername/Ordner`
- Datei kopieren:
  `cp /home/benutzername/Ordner/Datei /home/benutzername/Zielordner/`
- Datei verschieben:
  `mv /home/benutzername/Ordner/Datei /home/benutzername/Zielordner/`
- Datei löschen:
  `rm /home/benutzername/Ordner/Datei`
- Alle Anwendungen aktualisieren:
  `sudo apt-get upgrade`
- Programm deinstallieren:
  `sudo apt-get remove paketname`
- .deb-Datei installieren:
  `sudo dpkg -i datei.deb`

Sollten Sie in einem Forum um Hilfe fragen, weil eine Komponente nicht richtig funktioniert, müssen Sie einige Daten angeben, damit die Hilfeleistenden Hinweise über Ihre Hardware bekommen:

- Um die USB-Geräte zu überprüfen, geben Sie ein:
  `lsusb`
- Um die Netzwerkkarte zu überprüfen, geben Sie ein:
  `ifconfig`
- Um die WLAN-Karte zu überprüfen, geben Sie ein:
  `iwconfig`
- Um eine Übersicht über die gesamte Hardware zu liefern, geben Sie ein:
  `sudo lshw`

Sie können die Ausgabe wie in einer üblichen Textverarbeitung markieren, kopieren und mithilfe des Editors in eine Text-Datei umwandeln.

9.5 Nautilus

Der Dateimanager *Nautilus* wurde in den letzten Jahren einer radikalen Kur unterzogen, der Funktionsumfang stark reduziert. So ist es beispielsweise nicht mehr möglich, eine 2-Fenster-Ansicht zu erstellen, die Drag & Drop erlauben würde. Möchten Sie eine Datei per Drag & Drop verschieben, müssen Sie nun zwei Instanzen von Nautilus öffnen.

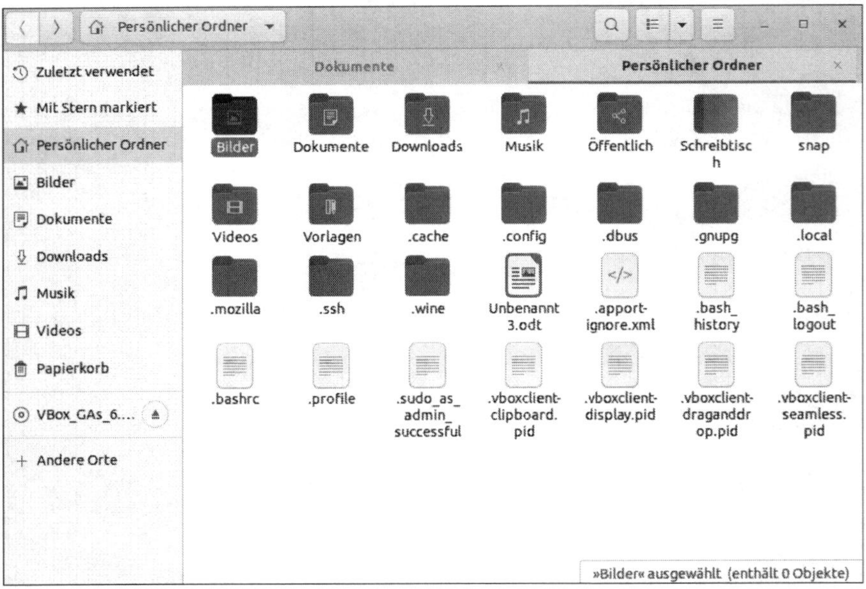

Abb. 9.5: Der Dateimanager Nautilus

Das Funktionsmenü versteckt sich hinter den drei kleinen Symbolen rechts oben. Hinter der Lupe verbirgt sich, wenig verwunderlich, die Funktion, Dateien zu suchen. Das mittlere Symbol ermöglicht es, Dateien und Verzeichnisse in verschiedenen Größen oder Sortierungen anzeigen zu lassen.

Hinter dem rechten Symbol verstecken sich die meisten Funktionen: Ob Sie Dateien kopieren, neue Ordner erstellen oder ein weiteres Fenster starten wollen, hier werden Sie fündig. Hier finden Sie auch den Zugang zu den Einstellungen für Nautilus. Das

Einstellungsmenü offenbart dann, dass der Funktionsumfang doch gar nicht so gering ist.

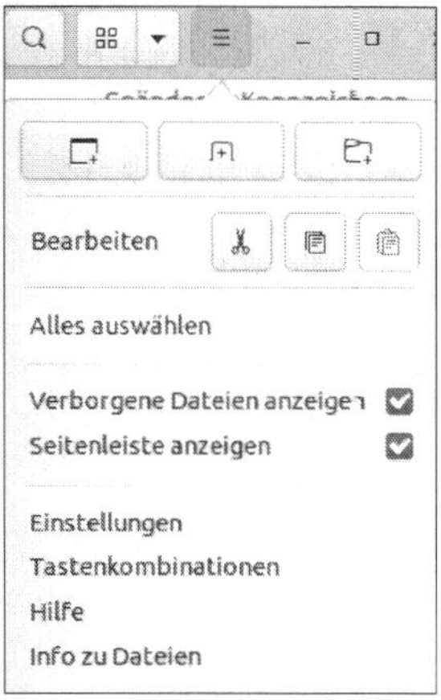

Abb. 9.6: So kommen Sie zu den Einstellungen von Nautilus.

Lesezeichen

In der linken Spalte des Dateimanagers sehen Sie die Seitenleiste, auch *Lesezeichen* genannt. Das sind Schnellzugriffe auf Ordner, die Sie vielleicht öfter benötigen. Einige Anwendungen installieren hier automatisch ein eigenes Lesezeichen, falls Sie beispielsweise das Programm *Dropbox* für den leichten Zugang zu Ihrem Cloudspeicher installieren, legt das Programm hier eine Möglichkeit zum Schnellzugriff ab.

Sie können Lesezeichen aber auch sehr einfach selbst anlegen. Greifen Sie dazu den gewünschten Ordner mit der linken Maustaste und führen ihn Richtung Seitenleiste. Im unteren Teil der Leiste erscheint nun ein Eintrag *Lesezeichen neu erstellen*. Hier legen Sie das Ordnersymbol ab. Wenn Sie es wieder entfernen wollen, klicken Sie mit der rechten Maustaste darauf und entfernen den Eintrag wieder.

Hinweis

Sie entfernen nur das Lesezeichen, der Ordner bleibt natürlich erhalten.

Sie können Lesezeichen auch auf andere Art anlegen: Die Konfiguration der Lesezeichen verbirgt sich in der Text-Datei `/.config/gtk-3.0/bookmarks`. Fügen Sie hier einfach einen Eintrag mit dem gewünschten Ordner dazu, dann erscheint dieser ebenfalls in der Leiste. Sie werden zudem feststellen, dass Sie die bereits vorhandenen Lesezeichen gar nicht so einfach löschen können. Um sie dennoch zu entfernen, beispielsweise weil Sie gar keine Musikdateien auf Ihrem Computer haben, können Sie diese Zeile einfach aus der oben genannten Datei löschen.

Ebenso können Sie einzelne *Dateien*, an denen Sie immer wieder arbeiten, markieren, damit Sie nicht danach suchen müssen. Klicken Sie mit der rechten Maustaste auf das Datei-Icon und wählen Sie die Option MARKIEREN. Alle so gekennzeichneten Dateien finden Sie nun mit Klick auf den Stern in der Lesezeichenleiste.

Falls Sie einen kleinen Bildschirm haben, können Sie die Leiste mithilfe des Menüs oder der Taste [F9] auch ausblenden.

Verborgene Dateien ansehen

Gerade haben Sie mit .config einen Verzeichnisnamen gesehen, der sich von den normalerweise sichtbaren Ordnern unterscheidet. Hierbei handelt es sich um eine *verborgene Datei*.

Es ist ursprünglich nicht vorgesehen, dass der Nutzer die Systemdateien sieht, damit diese Dateien nicht versehentlich verändert werden oder sie schlicht den Bildschirm zumüllen. Gelegentlich ist dies allerdings nötig, da sich in den versteckten Dateien Konfigurationsdateien verbergen. Die Option, verborgene Dateien sichtbar zu machen, können Sie ebenfalls in diesem Funktionsmenü aktivieren. Verborgene Dateien und Ordner erkennen Sie immer am Punkt vor dem kleingeschriebenen Namen.

Nautilus als Systemadministrator nutzen

Manchmal ist nötig, Konfigurationsdateien im root-Verzeichnis zu öffnen und zu bearbeiten. Bei Ubuntu ist dies allerdings nicht so ohne Weiteres vorgesehen, denn die Veränderung dieser Datei erfordert ja auch root-Rechte. Im Terminal ist dies kein großes Problem, hier genügt der Befehl sudo und die Legitimation mit dem Administratoren-Passwort.

Um Dateien in einem geschützten Verzeichnis mit root-Rechten zu bearbeiten, müssen Sie zunächst die Tastenkombination [Strg]+[L] eingeben, dann öffnet sich in Nautilus die URL-Leiste. Geben Sie hier nun den Befehl `admin://` gefolgt vom Verzeichnis, in dem sich die zu bearbeitende Datei befindet, ein. Um also beispielweise die Datei grub aus dem Verzeichnis `/etc/default/` zu bearbeiten, lautet der Befehl `admin:///etc/default/`.

Wenn Sie vorhaben, sich öfter einmal mit geschützten Dateien zu befassen, sollten Sie sich ein Add-on namens *nautilus-admin* installieren. Im Terminal geben Sie dazu den Befehl

```
sudo apt-get install nautilus-admin
```

ein. Das Add-on ist sehr klein, die Installation ist in Sekunden geschehen. Nun können Sie einfach mit der rechten Maustaste einen geschützten Eintrag anklicken und im Kontextmenü mit dem neuen Menüpunkt *als Administrator öffnen* bearbeiten.

Den Funktionsumfang von Nautilus erweitern

Unter allen Dateimanagern ist Nautilus sicher einer der einfachsten, denn mit der Version 3.6 wurde der Umfang stark minimiert. Es bleibt dem Nutzer überlassen, Funktionen, die er benötigen könnte, selbst nachzuinstallieren.

Ubuntu bietet einige Paketquellen an:

Admin	Erlaubt Administratorenzugriff	`sudo apt-get install nautilus-admin`
Image-converter	Bildgrößen per Rechtsklick verändern	`sudo apt-get install nautilus-image-converter`
Wipe	Sicheres Löschen von Dateien	`sudo apt-get install nautilus-wipe`
Seahorse-Nautilus	Verschlüsselung einzelner Dateien	`sudo apt-get install seahorse-nautilus`

Damit ist das Kontextmenü schon sehr viel umfangreicher und ich bin sicher, die allermeisten der täglich anstehenden Aufgaben können Sie nun erledigen.

Falls Sie dennoch meinen, dass Ihnen eine wichtige Komponente fehlt, führt der Weg über das Programm *FileManager-actions*. Sie können es per

```
sudo apt-get install nautilus-actions
```

herunterladen.

Wenn Sie das Talent dazu haben, können Sie Skripte selbst erstellen, die Sie dann in das Nautilus-Kontextmenü einbinden. Oder Sie binden bereits vorgefertigte »Aktionen« ein. Dazu müssen Sie zunächst eine Paketquelle in Ubuntu-Software hinzufügen. Suchen Sie dazu in Ubunutu-Software den Reiter ANDERE PROGRAMME und geben Sie in die APT-Zeile

```
ppa:nae-team/ppa
```

ein. Danach können Sie im Terminal mit

```
sudo apt-get install nautilus-actions-extra
```

ein Metapaket mit einer ganzen Reihe von vorgefertigten Skripten herunterladen.

Alternativ geben Sie auf der Seite *https://www.gnome-look.org* in der Suchleiste `Nautilus Scripts` ein. Ganz sicher werden Sie hier fündig und können für jede noch so ausgefallene Aufgabe ein Skript herunterladen.

Die Einbindung in Nautilus ist mithilfe des Programms recht einfach und selbsterklärend, wie Abbildung 9.7 zeigt.

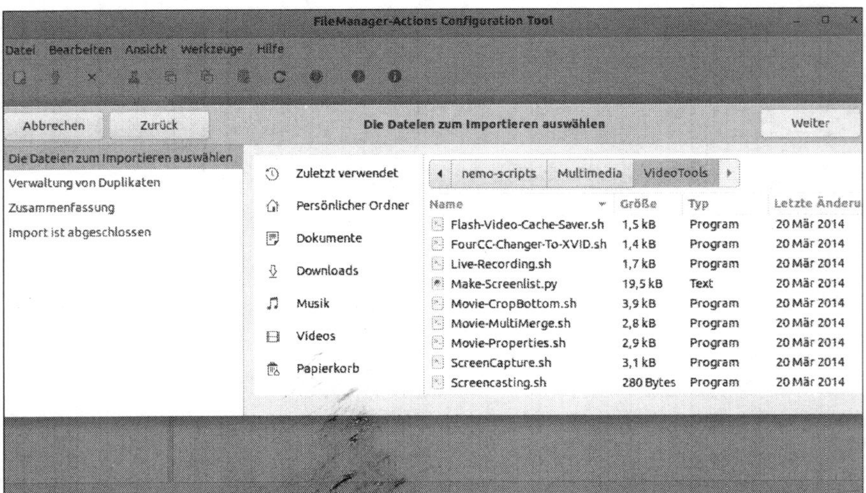

Abb. 9.7: Neue Einträge in das Kontextmenü von Nautilus aufnehmen

Die Vorschläge sind in der Regel thematisch sortiert und schnell eingebunden. Allerdings musste ich die Erfahrung machen, dass manche dieser Skripte nicht funktionierten, meist stimmte wohl die Nautilus-Version nicht.

9.6 Dateiverknüpfungen

Wenn Sie auf eine Datei, deren Format Ubuntu bekannt ist, doppelt klicken, startet automatisch ein Programm zur Darstellung der Datei. Eine .odt-Datei wird mit LibreOffice, eine Video-Datei mit der Medienwiedergabe geöffnet. Nur, was ist, wenn Sie beispielsweise den VLC-Player statt der eingebauten Medienwiedergabe nutzen wollen oder zur Darstellung von .pdf-Dateien den Acrobat Reader statt der LibreOffice-Version?

Sie haben zwei Möglichkeiten. Falls Sie nur ausnahmsweise ein anderes Programm statt des Standards nutzen wollen, klicken Sie mit der rechten Maustaste auf die Datei und wählen die Option MIT ANDERER ANWENDUNG ÖFFNEN. Sie bekommen dann eine Auswahl installierter Programme, aus der Sie sich das gewünschte auswählen.

Möchten Sie allerdings die Auswahl des Standardprogrammes anpassen, besteht eine Möglichkeit darin, eine entsprechende Datei mit der rechten Maustaste anzuklicken und über den Menüpunkt EIGENSCHAFTEN|ÖFFNEN MIT das Programm zu wählen, das Sie in Zukunft immer verwenden wollen.

Eine sehr viel genauere Darstellung der Standard-Anwendung nehmen Sie im Programm EINSTELLUNGEN|ANWENDUNGEN vor. Nach Klick auf die Programmsymbole können Sie hier leicht auswählen, welche Formate von welchem Programm geöffnet werden sollen.

E-Book zum Download

Geben Sie den untenstehenden Code unter

`https://mitp.code-load.de/`

in das Textfeld ein und klicken Sie auf »Einlösen«, um das E-Book (als PDF und EPUB) herunterzuladen.

e6e7827f54

Nachwort

So, lieber Leser, schön, wenn ich Sie bis hierhin begleiten konnte. Sie haben die meisten Hürden geschafft, Ubuntu läuft wahrscheinlich stabil auf Ihrem System und vielleicht haben Sie schon angefangen, sich mit Ihrer Arbeitsumgebung vertraut zu machen. Wenn Sie nicht ganz zufrieden mit Ihren Einstellungen sind, machen Sie sich keine Sorgen, Sie müssen hier nicht alles annehmen, was man Ihnen vorsetzt: Probieren Sie ruhig weitere Flavours und Einstellungen aus, Sie wissen ja jetzt, was zu tun ist.

Ansonsten können Sie sich von nun an mit dem guten Gefühl, einen stabilen und sicheren Computer zu nutzen, an die Arbeit begeben. Die meisten Sicherheitsprobleme des Internets gehen Sie nun nichts mehr an, und das Geld, das Sie nicht für Betriebssystem oder Office-Programme ausgegeben haben, ermöglicht sicher einen schönen Wochenendausflug.

Und falls Sie Lob, Fragen, konstruktive Kritik und Anregungen für mich haben, hierfür bin ich Ihnen natürlich dankbar, der Verlag wird diese an mich weiterleiten.

Index

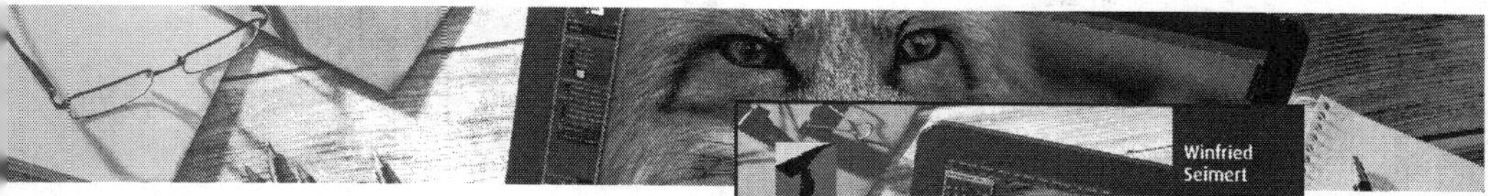

Winfried Seimert

GIMP 2.10

Praxiswissen für Einsteiger

Die beliebte Bildbearbeitungs-Alternative Schritt für Schritt erklärt

Von der Installation und den richtigen Einstellungen bis hin zu fachmännischer Fotoretusche

Praxisnah mit vielen nachvollziehbaren Beispielen

Das kostenlose und frei verfügbare GIMP ist mit der neuen Version 2.10 weiter auf dem besten Wege, mit den professionellen und oft teuren Software-Produkten gleichzuziehen.

In diesem Buch zeigt Ihnen der Autor ausführlich, wie Sie GIMP anwenden und eigene Fotos bearbeiten können. Dabei geht er Schritt für Schritt vor und erklärt alles anhand von leicht nachvollziehbaren Beispielen und kleinen Projekten.

Nachdem Sie die wesentlichen Grundlagen der Benutzeroberfläche kennengelernt haben, erfahren Sie, wie Sie Fotos von Ihrer Kamera, Ihrem Smartphone oder Ihrer Festplatte einlesen und mit ein paar schnellen Klicks optimieren können. Danach zeigt Ihnen Winfried Seimert, wie Sie Ihre Bilder freistellen, um nur bestimmte Bereiche zu bearbeiten und wie Sie Ebenen sinnvoll nutzen. Sie lernen, Gradationskurven zu lesen und die Belichtung, den Kontrast und den Weißabgleich Ihrer Fotos zu verbessern. Außerdem demonstriert der Autor Ihnen, wie Sie z.B. trübe Himmel aufhübschen, rote Augen und unerwünschte Bildteile wie Hautunreinheiten entfernen oder mithilfe der verschiedenen Filter regelrechte Kunstwerke erstellen.

Lassen Sie Ihrer Kreativität freien Lauf, wenden Sie das Erlernte sofort an den eigenen Bildern an und erzielen Sie tolle Ergebnisse.

ISBN 978-3-95845-881-9

Probekapitel und Infos erhalten Sie unter:
www.mitp.de/881